Susan Hiep
Mönchengladbacher Frauenstraßennamen
und ihre Geschichte

KLARTEXT

Beiträge zur Geschichte der Stadt Mönchengladbach
50

Susan Hiep
Mönchengladbacher Frauenstraßennamen und ihre Geschichte

Ein Gemeinschaftsprojekt der Gleichstellungsstelle Mönchengladbach
und des Stadtarchivs Mönchengladbach

Mönchengladbach 2010

Titelseite: Mönchengladbacher Straßenschilder

Rückseite: Hannelore Froriep, Marie Bernays, Clara Grunwald, Maria Kasper, Johanna Hölters, Gertraude Keller, Louise Gueury, Marie Juchacz

1. Auflage November 2010
Redaktion: Christian Wolfsberger
Satz und Gestaltung: Klartext Medienwerkstatt GmbH, Essen
Umschlaggestaltung: Volker Pecher, Essen
Druck und Bindung: Aalexx Buchproduktion, Großburgwedel
© Klartext Verlag, Essen 2010
ISBN 978-3-8375-0413-2
Alle Rechte vorbehalten

www.klartext-verlag.de

Inhalt

Grußwort 7

Einleitung
  Monika Hensen-Busch
  Stadtgeschichte als Frauengeschichte 9
  Susan Hiep
  Mönchengladbacher Straßennamen und ihre Geschichte 11
  Susan Hiep
  Von der Namensgebung zum Schild 15

Susan Hiep
Alphabetisches Verzeichnis nach Frauen benannter Straßen
  Bestehende Straßennamen 17
  Ehemals nach Frauen benannte Straßen
  oder nicht realisierte Benennungen 65

Anmerkungen 81

Quellen und Literatur 83

Bildnachweis 90

Danksagung 91

Grußwort

Selbst eine Stadt, die man gut kennt, kann man neu entdecken. Man muss nur einmal den Blickwinkel verändern und schon erfährt man Erstaunliches: Zum Beispiel, dass die Heilige Anna und die Begründerin der Montessori-Pädagogik Clara Grunwald etwas gemeinsam haben mit der Maschinenfabrikantin Hannelore Froriep, der Widerstandskämpferin Sophie Scholl und der Gründerin des Blindenvereins Johanna Hölters. Und auch die Nationalökonomin und Frauenrechtlerin Marie Bernays, die Kunsthändlerin »Mutter« Ey sowie die Hebamme Sibilla Deußen gehören zu diesem besonderen Kreis – wie viele weitere Frauen.

So unterschiedlich ihre Lebensläufe und Lebensleistungen auch sein mögen – sie waren allesamt »Powerfrauen« ihrer Zeit. Und mehr noch: Nach ihnen – und vielen weiteren vorbildlichen Frauen – wurden in Mönchengladbach Straßen, Wege oder Plätze benannt. Mit diesem Hintergrund befasst sich diese Publikation, die auf Anregung der städtischen Gleichstellungsstelle entstand. Sie ist dadurch eine herzliche Einladung, die Mönchengladbacher Stadtgeschichte sowie die Gegenwart einmal neu zu betrachten.

Das Buch zeigt übersichtlich, wann und warum es dazu kam, der Straße einen »weiblichen Namen« zu geben. Dazu zeichnet die Autorin die jeweilige Vita kompakt nach. Außerdem zeigt das Druckwerk den Verlauf der nach Frauen benannten Straßen. In dieser Übersichtlichkeit und Vollständigkeit ist das neu – und spannend. Herzlichen Dank der guten Unterstützung durch das Stadtarchiv.

Wir wünschen allen Mönchengladbacherinnen und Mönchengladbachern sowie den Gästen der Stadt eine interessante Lektüre.

Brigitte Brouns
Gleichstellungs-
beauftragte

Norbert Bude
Oberbürger-
meister

Monika Hensen-Busch

Stadtgeschichte als Frauengeschichte

Straßennamen bezeichnen öffentliche Verkehrswege, durch die Bürgerinnen und Bürger täglich ihre Wege zur Arbeit, zum Einkaufen, zum Kindergarten und zur Schule gehen. In Straßen wird gewohnt und gelebt. Straßennamen erscheinen auf jedem Briefumschlag, in jeder Adresskartei, im Telefonbuch und haben dadurch eine enorme Präsenz im Bewusstsein der Bevölkerung. Sie sind selbstverständlicher Bestandteil der sozialen Identität, so selbstverständlich (und offensichtlich), dass sie kaum noch bewusst bemerkt werden. Diese vorgeprägten Wahrnehmungsmuster machen uns blind für die Bedeutung, die Straßennamen für unser Leben haben.

Es ist nicht gleichgültig, ob man oder frau z. B. in der Hindenburgstraße geboren, in der Landgrafenstraße aufgewachsen, und das Hugo-Junkers-Gymnasium auf der Brucknerallee besuchte, oder ob es sich um die Mutter-Ey-Straße, die Astrid-Lindgren-Grundschule oder den Clara-Grunwald-Weg handelt. In Straßen spazieren wir nicht nur durch den Raum, sondern auch durch die Zeit.

Nun liegt sie endlich vor, die Bestandsaufnahme Mönchengladbacher Straßennamen, die an bedeutende Frauenpersönlichkeiten erinnern. Damit ist ein grundlegender Schritt geschafft. Das Ergebnis ist nicht völlig überraschend – dominieren doch mit etwa 350 die männlichen Persönlichkeiten zu den 48 weiblichen Persönlichkeiten. Bis in die 60er Jahre des vergangenen Jahrhunderts wurde die Vorrangstellung des Mannes als Handlungsträger durch vielerlei Theorien gestützt. Angefangen bei biologistischen bis hin zu religiösen Erklärungsmodellen war die Sicht auf die Ereignisgeschichte durch die Dominanz der Männer geprägt. Über- und Unterordnung der Geschlechter ziehen sich wie ein roter Faden durch die Geschichte.

Im Jahr 2011 feiern wir die 100-jährige Geschichte des Internationalen Frauentages, dem Protest- und Gedenktag für die Geschlechtergerechtigkeit. Mit der Einführung des aktiven und passiven Wahlrechts für Frauen, mit Artikel 3 des Grundgesetzes und weiteren heutigen rechtlichen Regelungen ist die Gleichberechtigung auf dem Papier längst erreicht. Die wahren Verhältnisse spiegeln sich jedoch auch in dem oben aufgeführten Zahlenverhältnis der Straßennamen wider.

Die Allgemeinen Richtlinien der Stadt Mönchengladbach für die Straßenbenennung nach Persönlichkeiten vom 27. September 2000 sagen unter anderem in

Punkt 2, Absatz 6, Nr. 5 aus: »Bei der Auswahl von Persönlichkeiten ist auf ein ausgewogenes Verhältnis zwischen Frauen und Männern zu achten.« Selbst wenn ab sofort ausschließlich weibliche Vorschläge für entsprechende Straßenbenennungen angenommen würden, erreichten wir »ein ausgewogenes Verhältnis« zwischen männlichen und weiblichen Persönlichkeiten vielleicht in ca. 100 Jahren. Da in Zukunft mit einer weiteren Ausdehnung der Bebauung in Mönchengladbach nicht zu rechnen ist, bieten sich Straßenumbenennungen an.

Straßenumbenennungen wurden in der Stadt Mönchengladbach in der Vergangenheit nur in der Ausnahme vorgenommen. Die Lady-Ada-Lovelace-Straße im Nordpark wurde in Am Borussiapark umbenannt. Ohne dieses Beispiel an dieser Stelle vertiefen zu wollen, macht es doch deutlich, dass zukünftig Umbenennungen eine Möglichkeit sein sollten, im Sinne der Geschlechtergerechtigkeit mehr Frauenpersönlichkeiten durch Straßenumbenennungen zu ehren. Den Blick auf die Anliegen und Leistungen von Frauen zu lenken und Frauen zu würdigen, ist eine Antwort auf eine bislang männlich geprägte Erinnerungskultur.

Seit den 1970er Jahren gibt es vielerorts intensive Bemühungen von Frauengeschichtsgruppen auf Spurensuche zu gehen mit dem Ziel, Vorbilder und starke Frauen ins Licht zu stellen. In Mönchengladbach ist eine Frauengeschichtsbewegung nicht bekannt.

Das Buch richtet den Blick auf die weiblichen Persönlichkeiten, die bereits im Straßenbild von Mönchengladbach vorkommen. Neben Straßennamen, die an Frauenpersönlichkeiten erinnern, sollten künftig weitere Möglichkeiten genutzt werden, um Frauengeschichte(n) in Mönchengladbach zu etablieren. Geeignete Formen könnten z. B. Denkmäler, Gebäude-Benennungen, Frauengeschichtstouren, Gedenktafeln, verschiedenste kulturelle Projekte etc. sein.

Frauen, deren Leben sich ganz oder in Phasen in Mönchengladbach abgespielt hat, die sich in jüngerer und jüngster Geschichte politisch, sozial oder kulturell für Frauen und ihre Themen sowie für die Gesellschaft engagiert haben, gebührt öffentliche Anerkennung. Folgerichtig soll diesem Buch eine weitere Publikation folgen mit der Darstellung von Frauenpersönlichkeiten, für die dann jeweils eine angemessene Form der Würdigung zu definieren ist.

Die Würdigung von Frauenrechtlerinnen, Politikerinnen, Künstlerinnen, Sportlerinnen und Wissenschaftlerinnen mit Bezug zu Mönchengladbach bietet viele Potenziale. Die Auseinandersetzung mit Frauenleben in der jeweiligen Zeit kann Verbindungen in die heutige Zeit herstellen. Solche Erinnerungslinien ermutigen. Sie geben Kraft, bieten Ideen und Impulse, die hier und heute nützlich sind – und fördern eine Identifikation mit der Stadt und ihrem Umfeld.

SUSAN HIEP

Mönchengladbacher Straßennamen und ihre Geschichte

Vielen Straßenbezeichnungen liegen im Volksmund geläufige alte Flur- und Gewannenbezeichnungen zugrunde. Auch sogenannte Hofstättenamen waren geläufig, die nach Besitzern der örtlichen Höfe benannt wurden. Während es in Amerika – zumindest in den Metropolen – üblich ist, Straßen nicht nur nach bedeutenden Persönlichkeiten zu benennen, sondern auch durch Nummerierung kenntlich zu machen, ist eine solche Nummerierung in Deutschland eher unüblich, in Frankreich hingegen ist sie wiederum eher zu finden.

Die Herkunft unserer Straßenbezeichnungen lässt sich grob in folgende Kategorien gliedern: in Flur- und Gewannenbezeichnung, Hofstättenamen, Bezeichnungen aus Flora und Fauna, Berufsbezeichnungen bzw. traditionelles Handwerk, in stadtgeschichtliche bzw. allgemeine historische Ereignisse sowie historische Persönlichkeiten. Gerade durch historische Lautverschiebungen in der Alltagssprache, aber auch durch sprachliche Missverständnisse konnte es allerdings zu unfreiwilligen Bedeutungsänderungen kommen. So geht aus einer Akte der Stadt Mönchengladbach von 1958 hervor, dass die Bedeutung des damaligen Diebeswegs ursprünglich als Wegename »diepe Weg – tiefer Weg im Gegensatz zum hohen Weg benannt worden ist«[1], aber aus Unkenntnis der hiesigen Mundart die französische Verwaltung Diebesweg deutete.

Die Benennung der Straßen nach Persönlichkeiten, lokaltypischen Handwerken oder gar historischen Ereignissen geben einer Stadt und Gemeinde die Möglichkeit, sich an stadtgeschichtliche Ereignisse zu erinnern, und im Idealfall das Gemeinschaftsgefüge zu festigen. So sind in den Allgemeinen Richtlinien der Stadt Mönchengladbach für die Straßenbenennung nach Persönlichkeiten vom 27. September 2000 unter Punkt 2, Absatz 6 folgende Regeln festgelegt:

---

1   StadtAMG 1 d 1/10; *Diebesweg – Lürrip-Uedding:* 1567 »*an gehen Deipen Wegh*«, 1660 »*hohler oder diepen Weg*«, 1812 »*Dibes Weg*«. Den Namen haben erst die Franzosen entstellt. Vgl. dazu »Die heutigen Neuwerker Straßen- und Wegenamen«, in: Mackes, Karl L., Aus dem alten Neuwerk, Bd. 2, S. 86.

1. Grundsätzlich sind Straßen nur nach verstorbenen Persönlichkeiten zu benennen.
2. Personennamen der neueren Geschichte sollen nur dann verwendet werden, wenn ihr Geschichtsbild nach Persönlichkeit, Verhalten und Nachwirkung abgeklärt ist und überwiegend positiv bewertet wird.
3. Sollen Verdienste verstorbener Personen aus neuer Zeit durch eine Straßenbenennung gewürdigt werden, so sind noch lebende Angehörige vorher möglichst zu hören.
4. Bei der Auswahl der Straße ist darauf zu achten, dass die Straßenbenennung auch tatsächlich eine Ehrung darstellt.
5. Bei der Auswahl von Persönlichkeiten ist auf ein ausgewogenes Verhältnis zwischen Frauen und Männern zu achten.

Straßennamen dienen den Bewohnern der Stadt und auch Fremden zur Orientierung, Anwohnern zur postalischen Identifizierung. Darüber hinaus tragen sie das kollektive Gedächtnis einer Stadt. Sie spiegeln Zeit- und Kulturgeschichte wider und die Benennungspraxis gibt einen Hinweis auf die Mentalitätsgeschichte. Dies wird u. a. am Beispiel des Marienplatzes deutlich, der zur Zeit des Nationalsozialismus zum Platz der SA wurde und 1945 wieder seine alte Bezeichnung zurückerhielt.

Je nach Stadtgebiet fallen Begriffsgruppen auf, die thematisch zusammengefasst sind. Neben dem sogenannten Dichter- oder Blumenviertel sind für die Textilstadt Mönchengladbach auch traditionelle Berufe wie Alte Weberei, An den Flachsgruben, Spindelweg, Spulstraße oder Webershütte geläufig. Auch andere, mittelalterliche Handwerke lassen sich aus den Straßenbezeichnungen erkennen. So wirft der Metzenweg die Frage auf, ob er sich auf die alten Metzhandwerke wie Steinmetz oder Metzger bezieht oder aber gar eine Frau von niederem Stand – die Metze – meint. Die Beantwortung dieser und anderer Problemfragen würde den Rahmen dieser Arbeit sprengen und wird somit Historikern für eine zukünftige und tiefer greifende wissenschaftliche Bearbeitung des Themas überlassen.

Das Verhältnis von Frauen- und Männerpersönlichkeiten, welche die Straßenschilder Mönchengladbachs zieren, weist entgegen der städtischen Richtlinien eine erschreckende Diskrepanz auf. Circa 350 Straßen sind nach Männern benannt, hingegen tragen nur 51 Straßen Frauennamen, darunter auch Bezeichnungen aus der Flora, die hier mit zwei Beispielen exemplarisch vertreten sind. Auffallend ist die hohe Zahl an religiösen Bezügen wie Benennungen nach Schutzpatroninnen oder Frauen aus dem Neuwerker Kloster. Der Ursprung einiger wohlklingender Frauenstraßennamen – so die Margarethenstraße – lassen sich nicht hundertprozentig zurückverfolgen, da die Akten keine genauen Fakten hergeben. Vermutlich handelt es sich in solchen Fällen um Textilfabrikantinnen, die im Benennungsprozess von den Ehemännern oder Söhnen vorgeschlagen wurden. Sie könnten aber ebenfalls aus dem preußischen Kontext stammen. Frauenpersönlichkeiten, die die jüngere Geschichte repräsentieren, gibt es nur wenige. Marie Bernays und Marie Juchacz zum Beispiel. Beide engagierten sich für Frauenrechte, letzere war sogar die erste Parlamentarierin Deutschlands. Leider stammten sie nicht aus Mönchengladbach. Johanna Ey, gebürtige Wickratherin, wurde zur Mutter Ey Düsseldorfs und ist die wohl bekannteste Kunstmäzenin der Landeshauptstadt. Mit Mönchengladbach wird sie nur selten in Verbindung gebracht.

Es wird deutlich, dass diese wenigen Frauen auf Mönchengladbachs Straßenschildern von einer Benennungspolitik zeugen, die Frauengeschichte weniger achtet oder ins Zentrum stellt. Deshalb ist zu erwägen, für die Benennung zukünftiger Straßen nach Frauenpersönlichkeiten, Mönchengladbacher Frauen aus der jüngeren und jüngsten Geschichte zu wählen, die sich politisch, sozial oder kulturell für Frauen und ihre Themen sowie für die Gesellschaft engagiert haben. Denn Frauengeschichte ist auch Mönchengladbacher Stadtgeschichte.

Äbtissinnenkloster zu Neuwerk

Die Geschichte des Klosters Neuwerk beginnt im ersten Drittel des 12. Jahrhunderts. 1134 wird das von der Abtei Mönchengladbach aus gegründete Kloster erstmals erwähnt. Das Gebiet des Klosters trug ursprünglich den Namen Cranendonk, erst ab 1183 wird der Name Neuwerk üblich. Das Nonnenkloster wirtschaftete in erster Linie unabhängig, jedoch mussten die Entscheidungen durch den Abt beurkundet werden. Die Vorsteherin des Klosters bezeichnete man als Priorin, die erste Nachweisbare war Priorin Adelheid um 1312. Erst später wurde der Titel Priorin durch die Bezeichnung Äbtissin abgelöst. Mit der Besetzung des Rheinlandes durch die Franzosen 1794 begann der Prozess der Auflösung – nur noch weitere acht Jahre konnte das Kloster bestehen. Am 22. Januar 1801 erhielt das Kloster Besuch von Beamten, die sämtliche Personalien aller zehn anwesenden Nonnen unter Leitung der »Bürgerin Rosa von Bronsfeld« aufnahmen. Bereits ein Jahr später verfügte Napoleon Bonaparte die Auflösung aller linksrheinischen Klöster. Heute erinnern neben Straßennamen wie Klosterbusch auch Bezeichnungen wie Wüllenweber- oder Bronsfeldstraße an das alte Leben im adligen Äbtissinnenkloster zu Neuwerk.

Religiosität und Gemeinschaftsgefühl

Viele Straßennamen in den Bezirken Mönchengladbachs sind nach den Schutzpatronen der örtlichen Pfarrkirche benannt. Sie lassen sich meist in der Nähe der Kirche finden, wie zum Beispiel die Helenastraße und der Sankt-Helena-Platz in Rheindahlen. Diese Namen verweisen auf eine Zeit, die sich bis ins Mittelalter zurückverfolgen lässt, in der Religiosität in Zeiten von Krieg, Hungersnöten und den Pestwellen des 14. Jahrhunderts tief im Menschen verwurzelt war. Eine Trennung von Alltag und Glaube war undenkbar. Religiosität spielt auch eine zentrale Rolle in den Biografien einiger der hier vorgestellten Frauen: so schloss sich Maria Kasper den Armen Dienstmägden Jesu Christi an, die Louise Gueury wiederum in ihrem Testament erwähnte, um für eine ausreichende und umfassende Versorgung der zukünftigen Hardterwald-Klinik zu garantieren.

Das preußische Mönchengladbach

Viele Straßennamen erinnern an die jüngere Geschichte der Stadt Mönchengladbach.[2] So zeugen die heutige Bismarck- und Hindenburgstraße im Zentrum der Stadt von der Kaiserzeit, und auch einige Frauennamen deuten auf denselben Kontext hin: Luisenstraße, Viktoria- und Charlottenstraße. Im zweiten Teil dieses Buches sind auch die zahlreichen Umbenennungen verzeichnet, die im Zuge verschiedener kommunaler Neuordnungen stattfanden. Hierbei wirft u. a. die ehemalige Viktoriastraße in Rheydt und Odenkirchen einige Fragen auf, da sie nicht, wie anfänglich vermutet, Augusta Viktoria, Deutsche Kaiserin, Königin von Preußen (1858–1921), Gattin Kaiser Wilhelm II. gewidmet war, sondern – nach Recherche des Stadtarchivs Mönchengladbach – dem Sieg von 1871 (Krieg Preußen gegen Frankreich 1870/71). Zwischen 1876 und 1912 besaßen die Liberalen in Mönchengladbach durch das besitzorientierte Dreiklassenwahlrecht die uneingeschränkte Mehrheit. Da sie die preußische Monarchie stützten, ließen sie ihre politischen Überzeugungen auf den Straßenschildern sichtbar werden und festigten so das kollektive Geschichtsbewusstsein.[3]

---

2 Vergleiche: Löhr, Mönchengladbach, Bd. 2, S. 56.
3 StadtAMG 1e/540 (1939).

SUSAN HIEP
Von der Namensgebung zum Schild

Öffentlich zugängliche Straßen, Wege und Plätze müssen in einer städtischen Gemeinschaft einen Namen tragen. Dies dient in erster Linie der öffentlichen Sicherheit und Gefahrenabwehr gemäß dem nordrhein-westfälischen Ordnungsbehördengesetz. Gefahrenabwehr bedeutet nichts anderes, als dass bei einer Störung der öffentlichen Sicherheit – einer kriminellen Straftat, einem Unfall o. ä. – den Ordnungsbehörden wie etwa der Polizei, Rettungsdienste etc. eine Adresse vorliegt.

Das Benennungsverfahren einzuleiten ist Aufgabe des Oberbürgermeisters, vertreten durch das Vermessungs- und Katasteramt. Der Fachbereich Vermessung und Kataster entscheidet, ob die Notwendigkeit einer Neu- bzw. Umbenennung einer Straße, eines Platzes etc. besteht und leitet das Verfahren ein. Allgemeine Richtlinien für die Straßenbenennung und für die Nummerierung von Gebäuden in der Stadt Mönchengladbach, die sogenannten Lagebezeichnungsrichtlinien (LagebezRL MG), hat der Rat der Stadt am 27. September 2000 verabschiedet.

Um eine Straße oder einen Weg benennen zu können, muss der zu benennende Bereich geometrisch begrenzt und festgelegt sein (Fachbereich Geoinformation). Meist handelt es sich dabei um Erschließungsstraßen in neu entstehenden Wohngebieten. Zusammenhängende Baugebiete bzw. Viertel sollten möglichst nach einheitlichen Gesichtspunkten benannt werden. So existieren in Mönchengladbach u. a. das sogenannte Dichter- und das Blumenviertel. Namensvorschläge kann jede Bürgerin und jeder Bürger unterbreiten. Das Katasteramt wendet sich mit dem vorgeschlagenen Namen an das Stadtarchiv. Dort wird intensiv geprüft, ob der Name (Gewannenbezeichnung, historisches Ereignis, Personenname etc.) tatsächlich eine Würdigung darstellt, ein kontextbezogener Rahmen gegeben oder der Name gar politisch belastet und somit bedenklich ist. Der Straßenname soll neben seiner formalen und praktischen Funktion auch als Medium der kognitiven Erinnerungskultur kulturhistorischer und mentalitätsgeschichtlicher Ereignisse dienen. Deshalb soll je nach Lage und Charakter des Bereichs neben der Bezeichnung Straße und Platz auch die Bezeichnung Ring, Damm, Allee, Weg, Markt, Aue usw. verwendet werden. »Durch Bebauung fortfallende historische Flur- und Gewannenbezeichnungen sollen nach Möglichkeit durch Straßennamen erhalten bleiben«, so heißt es in den Richtlinien. Eine Umbenennung einer Straße muss dann erfolgen, wenn ein Gleichklang zu Irritationen und Orientierungsproblemen führt. Ebenso kann eine viel zu lange Schreibweise Anlass für eine Umbenennung sein. Der Name soll auf dem zukünftigen Straßenschild schnell lesbar sein und darf nicht mehr als 25 Zeichen besitzen.

Da das Stadtarchiv durch seine tägliche Arbeit mit aktuellen (politischen) Geschehnissen und persönlichen Anfragen stets die Befindlichkeit der Zeit erfasst, ist es als Bewahrer des stadtgeschichtlichen Allgemeinguts am ehesten in der Lage, Namensvorschläge zu prüfen. Ist ein Name gefunden, wird ein entsprechender Antrag an den jeweiligen Bezirk gestellt. Bei Beschluss folgt von Seiten des Fachbereichs Kataster eine Veröffentlichung im Amtsblatt. Gegen den Namensvorschlag kann jederzeit Widerspruch eingelegt werden. Nun ist es Aufgabe des Tiefbauamtes die Straßennamenschilder in ausreichender Zahl und vor allem übersichtlich anzubringen. Die Namenschilder tragen eine schwarze Schrift auf weißem Grund und besitzen im Idealfall ein Zusatzschild mit Erläuterungen (Lebensdaten etc.) zum Straßennamen. Wurde eine Straße, ein Platz etc. umbenannt, so sehen die Richtlinien vor, die alten Straßenschilder neben den neuen Schildern für eine Übergangszeit von einem Jahr zu belassen, wobei der alte Name rot zu kreuzen ist, um keine Irritation aufkommen zu lassen. In Mönchengladbach sieht man gelegentlich an so manch einer Hauswand noch alte Straßenschilder, die eine weiße Schrift auf blauem Grund tragen.

Im Anschluss müssen die öffentlichen Register des Einwohnerwesens, der Feuerwehr und Entsorgung etc., aber auch die Register anderer Institutionen wie die des Polizeipräsidiums, der Deutschen Post und der NVV AG, Routenplaner usw. aktualisiert werden. Mit diesem letzten Schritt findet der Straßenbenennungsprozess seinen Abschluss.

Susan Hiep
Alphabetisches Verzeichnis nach Frauen benannter Straßen

Bestehende Straßennamen

Am Katharinenhof
Standort Katharinenhof: an der Urftstraße durch das Chinesische Tor erreichbar

Katharina Daniels, Fabrikantin, 1862–1935
Der Katharinenhof in Rheydt wurde 1902 gebaut und ist von der Urftstraße durch das Chinesische Tor erreichbar. Der Hof ist heute noch im Familienbesitz.

Getrude Maria Katharina Daniels, geborene Hohmann, wurde am 4. August 1862 in Düsseldorf geboren und heiratete 1890 in Düsseldorf den Textilfabrikanten Josef Daniels. Das junge Paar zog in das Stammhaus der Familie Daniels an der Odenkirchener Straße, wo sie zeitlebens wohnten. Josef Daniels war ab 1900 Stadtverordneter, verstarb allerdings im Jahre 1905 im Alter von nur 45 Jahren, hinterließ Frau und sieben Kinder. Am 10. August 1935 starb Katharina Daniels im Alter von 73 Jahren.

Am Katharinenhof, ca. 1960

Annakirchstraße
Verlauf: von der Viersener Straße bis zur Lindenstraße

Anna, Heilige, 1. Jahrhundert v. Chr.
Anna ist die Mutter der Jungfrau Maria und somit Großmutter Jesu. Die Geschichte der Großeltern wird erst im 2. Jahrhundert nach Christus im Protoevangelium des Jakobus erwähnt und ist der Lebensgeschichte der alttestamentarischen Hanna nachgezeichnet. Hanna galt als unfruchtbar, bis sie ihren Sohn Samuel gebar (1 Sam 1–20). Diese Parallelisierung verweist auf die königliche davidische Abstammung Jesu. Das Apokryph berichtet von wundersamen Ereignissen, die sich während der Geburt Mariens zugetragen haben. Ihre Verehrung ist bereits um 550 durch den Bau der Anna-Kirche in Konstantinopel unter Justinian belegt. Die Legende findet später mit einer Weiterbildung auch Einzug in die Schedelsche Weltchronik von 1493. Nach Joachims Tod soll Anna noch zweimal geheiratet und zwei weitere Töchter mit Namen Maria geboren haben. Die Existenz der sogenannten Heiligen Sippe – wie sie auch genannt wird – gilt in der Kirche als äußerst umstritten. Seit dem 14. Jahrhundert wird die Heilige mit ihrer Tochter Maria und dem Jesuskind dargestellt und ist deshalb auch unter dem Namen *Anna selbdritt* bekannt. Ihr kirchlicher Gedenktag ist der 26. Juli. Die Hl. Anna ist u. a. Schutzpatronin der Mütter, der Armen, der Berg- und Kaufleute sowie der Städte Florenz, Innsbruck, Neapel und der Bretagne.

Am 30. Dezember 1929 beschloss der Rat Mönchengladbach die Umbenennung der Straße »Am Windberg« in Annakirchstraße, die Namensgebung trat zum 31. Januar 1930 in Kraft. Erwähnung findet die Umbenennung im Amtlichen Einwohnerbuch der Stadt Mönchengladbach 1936/37.

Annakirchstraße Ecke Annastraße, gegenüber der Kirche St. Anna, ca. 1952

Annastraße
Verlauf: von der Annakirchstraße zur Lindenstraße

Bereits seit 1927 existiert die Annastraße. Anna- und Annakirchstraße sowie die Kirche St. Anna tragen den Namen der Schutzpatronin.

▸ Weiteres siehe *Annakirchstraße*

Anna-Schiller-Stiege
Verlauf: Weg zwischen Gasthausstraße und Neustraße

Anna Schiller, Wohltäterin, 1890–1976
Die »Helferin der Armen«, wie Anna Schiller würdevoll von den Mönchengladbachern genannt wird, wurde am 18. November 1890 in Düsseldorf geboren und verbrachte ihre Kindheit in Reichdorf in Böhmen. Nach dem Besuch der Volksschule begann sie eine Lehre als Pelznäherin und Schneiderin beim Kürschner Dierkes in Osnabrück. Auf Wunsch der Eltern musste sie ihre Lehre abbrechen und arbeitete Zeit ihres Lebens bei verschiedenen Herrschaften in Osnabrück, Dortmund, Wipperfürth und Mönchengladbach als Dienstmädchen. Im Gesindedienstbuch bescheinigt ein darin enthaltenes Zeugnis, dass sie stets »treu, fleißig und ehrlich« war.

Aus den Erzählungen des Mönchengladbacher Probstes Edmund Erlemann geht hervor, dass Anna Schiller eine äußerst zierliche und bescheidene Person war: »Ich kann mir die kleine Frau Schiller noch sehr lebhaft vorstellen. Sie trug immer denselben schwarzen Mantel, einen schwarzen runden Hut, eine schwarze Handtasche, schwarze Strümpfe und Schuhe. Ihr Kleid bekam ich nie zu sehen. Ihr Gesicht war sehr gütig und lieb, kluge Augen blitzten hinter ihrer sehr einfachen Brille, und weiße Haare schauten unter dem Hut hervor. Nie schimpfte oder klagte sie. Und laufen konnte sie bis zu ihrem Tod sehr schnell.«[1]

In ärmsten Verhältnissen lebend, bemühte sie sich Zeit ihres Lebens um sozial Schwache.

Anna mit ihrer Tochter Maria und dem Jesuskind – diese verbreitete Form der Darstellung nennt sich auch Anna selbdritt, hier Holzfigur 15. Jahrhundert aus dem Gladbacher Münster

Oft kam die 82-jährige Frau nach dem Morgengottesdienst in die Pfarrkirche und spendete 50 oder 100 DM für die Armen. Anna Schiller blieb unverheiratet und bezog eine spärliche Rente aus der Tätigkeit als Dienstmädchen. Als sie von ihrer Schwester ein Haus und eine Eigentumswohnung erbte, trat sie das Erbe nicht an. Sie lehnte das Vermögen konsequent ab, da das Verhältnis zur Familie belastet war. Sie berichtete wenig über ihr Leben.

»Ich will keinen Pfennig. Ist alles für die Armen.«[2] Vor ihrem Tod am 28. November 1976 spendete Anna Schiller ihr gesamtes Erbe im Wert von 336.000 DM dem »Verein Wohlfahrt« e. V. Ihr Grabstein auf dem Hauptfriedhof an der Viersener Straße stammt auf ihren Wunsch hin aus zweiter Hand von der Grabstätte der Familie Baues.

1995 befasste sich die vierte Klasse der Katholischen Anton-Heinen-Grundschule in einem Schulprojekt mit der Wohltäterin. Das Ergebnis dieses Projektes ist ein Lesebuch (»Anna Schiller« – ein kleines Lesebuch der 4. Klasse, Kath. Grundschule Anton Heinen, Mönchengladbach 1995) über das Leben Anna Schillers. Gleichzeitig beantragte die Klasse im Rahmen des Projektes die Erstbenennung einer Straße nach Anna Schiller. Mit Hilfe des damaligen Oberbürgermeisters Heinz Feldhege wurde das Straßenprojekt umgesetzt. Seit dem 8. März 1995 ist der Weg zwischen der Gasthausstraße und Neustraße nach der »Helferin der Armen« benannt.[3]

Anna Schiller, »Helferin der Armen« bei einer Hochzeit (obere Reihe, neben dem linken Herren), ca. 1940

Barbarastraße
Verlauf: von der Liebfrauenstraße zur Nespelerstraße

Barbara, Heilige, 3. Jahrhundert n. Chr.
Die Hl. Barbara war seit dem 14. Jahrhundert Patronin des Klosters Neuwerk sowie Nebenpatronin der Klosterkirche.

Der Legende nach wurde Barbara Ende des 3. Jahrhunderts oder zu Beginn des 4. Jahrhunderts in Nikomedia, dem heutigen İzmit in der Türkei, geboren. Eine andere Variante nennt Bá'labakk im Libanon als Geburtsort. Barbara soll unter Galerius Valerius Maximinus Märtyrerin gewesen sein, dies ist historisch allerdings nicht belegt. Ihrer außerordentlichen Schönheit wegen soll der heidnische Vater sie aus Eifersucht in einem Turm eingesperrt haben, um eine Heirat zu verhindern. Als er sie während einer längeren Reise alleine ließ, wurde sie vom Heiligen Geist erleuchtet und stieg in ein heidnisches Opferbecken, welches ihr als Taufbecken dienen sollte. Anschließend wurde sie von Johannes dem Täufer, der ihr im Turm erschien, getauft.

Bei seiner Rückkehr ließ der Vater sie vor den römischen Stadthalter Marcianus führen. Doch trotz Geißelung ließ sie sich nicht vom christlichen Glauben abbringen. Die Geißeln seien für sie wie Pfauenfedern, und so wurden diese zu einem ihrer Attribute, mit denen sie abgebildet wird. Nach grausamer Folter und bis zu ihrem Tod durch Enthauptung hielt sie an ihrem Glauben fest. Der eigene Vater vollstreckte das Urteil. Anschließend wurde er, so die Legende, vom Blitz getroffen und verbrannte.

Hl. Barbara (16. Jh.), zweite Patronin der Klosterkirche Neuwerk, Aufnahme ca. 1980

Ein frühes Zeugnis ihrer Verehrung im Abendland ist seit dem 8. Jahrhundert zu finden: In der Kirche S. Maria Antiqua zu Rom zeigt ein Pfeilerfresko ihr Bild-

Barbarastraße, 2010

nis. Barbara gilt u. a. als Patronin der Türmer, Festungsbauer, der Architekten und Glockengießer sowie gegen Gewitter. Ihr Gedenktag ist der 4. Dezember.

Der Straßenname findet sich erstmals im Mönchengladbacher Adressbuch von 1927.

Bönninghausenstraße
Verlauf: vom Loosenweg zur Nespelerstraße

Klara Sophia von Bönninghausen, Äbtissin, 1684–1757

Klara Sophia von Bönninghausen hatte seit 1721 das Amt der Äbtissin des adligen Benediktinerinnen-Klosters zu Neuwerk inne, bis sie 1744 aufgrund klosterinterner Differenzen abgesetzt wurde.

Als Tochter Lothar Wilhelm Otto von Bönninghausens und Adriane de Goor wurde sie am 15. Mai 1684 in Walbeck geboren. Es existierte ein Ölgemälde, das ihr Portrait zeigte und das sich bis zuletzt im Besitz der Marianne Broicher, geborene Brandts, befand. Im Zweiten Weltkrieg wurde das Gemälde bei Luftangriffen zerstört.

Das Benediktinerinnen-Kloster zu Neuwerk zeigte zu Beginn des 18. Jahrhunderts erste Erscheinungen seines Niedergangs. Um die einzelnen Ämter, besonders um das der Äbtissin, entstanden Streitigkeiten. Im Jahr 1721 ließ man wegen der Uneinigkeit den Wahltermin verstreichen, so dass der Erzbischof sich gezwungen sah, einzuschreiten. Er ernannte die jüngste der Kapitularen zur Äbtissin: Klara Sophia von Bönninghausen. Da die Vermögensverhältnisse des Klosters unübersichtlich waren, ließ sie über alles genauestens Buch führen, was aber den wirtschaftlichen Ruin des Klosters nicht aufhalten

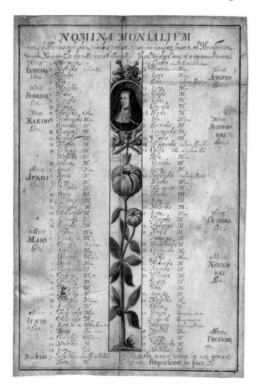

Nekrolog der Nonnen aus Neuwerk (Januar bis Dezember), ca. 1700

konnte. Erschwert wurde die Situation durch eine Parteienbildung unter den Frauen, die sogar ein erneutes Einschreiten des Erzbischofs zu Köln sowie der jülich-bergischen Regierung erforderte. Am 30. Oktober 1747 wurde Theresia von Oyen, nach vorangegangenen turbulenten Ereignissen offiziell durch einen Kompromiss beider Kurfürsten für das Amt der Äbtissin bestätigt.

Bönninghausenstraße, 2010

Durch ihre Absetzung verlor Bönninghausen ihre jährliche Pension über 30 Reichstaler. Als Abfindung wurde ihr eine Magd zur Seite gestellt, für deren Verpflegung sie allerdings selbst aufkommen musste. Am 4. Januar 1757 verstarb Klara Sophia von Bönninghausen. Die neuprojektierte Straße zwischen Loosenweg und Nespelerstraße erhielt durch den Ratsbeschluss vom 10. November 1966 den Namen Bönninghausenstraße.

Bronsfeldstraße
Verlauf: von der Liebfrauenstraße zum Klosterbusch

Rosa von Bronsfeld, Äbtissin, † 1831

Rosa von Bronsfeld war die letzte Äbtissin des adligen Benediktinerinnen-Klosters zu Neuwerk und hatte das Amt von 1786 bis 1802 inne. Sie starb 1831 bei Aldenhoven. Geburtsjahr und -ort sowie nähere Lebensdaten der Äbtissin sind unbekannt.[4]

Am 27. November 1961 wurde die alte Neuenhoferstraße in Bronsfeldstraße umbenannt.

Kirche und Kloster Neuwerk, ca. 1956

Bronsfeldstraße, 2010

Cecilienstraße (Cäcilienstraße)
Verlauf: von der Friedrich-Ebert-Straße zur Brucknerallee

Cecilie Auguste Marie, Herzogin zu Mecklenburg-Schwerin, 1886–1954

Am 20. September 1886 wurde Cecilie Auguste im Schloss zu Schwerin geboren. Sie war die Tochter des Großherzogs Friedrich Franz III. von Mecklenburg-Schwerin, der in Ceciliens früher Kindheit verstarb. Nur schwer verkraftete sie den Tod des Vaters und verbrachte ihre Kindheit in den Folgejahren gemeinsam mit ihrer Mutter, der Großfürstin Anastasia Michailowna, mehrere Monate jährlich bei den Romanows in Russland. 1905 heiratete Cecilie im Berliner Schloss Wilhelm Kronprinz des Deutschen Reiches und von Preußen und war somit von 1905 bis 1918 die letzte Kronprinzessin des deutschen Kaiserreichs. Ihre Ehe brachte sechs Kinder hervor. Als die Novemberrevolution 1918 die Mitglieder des Kaiserhauses ins Exil zwang, verließ Cecilie ihre Heimat nicht und widmete sich ihren Kindern, während Wilhelm für fünf Jahre in die Niederlande fliehen musste. Diese langjährige Trennung entfremdete beide voneinander und so lebten sie nach seiner Rückkehr getrennt. Ganz in der Tradition der 1921 verstorbenen Kaiserin Auguste Victoria widmete sich auch Cecilie der karitativ-sozialen Arbeit. Sie war Protektorin des größten Frauenbundes der Weimarer Republik, dem Bund der Königen Luise, aus dem auch der Luisen-Orden hervorging, die höchste Auszeichnung für Frauen der damaligen Zeit. Ebenso war sie Schirmherrin der Johanniter Schwestern sowie Vorsitzende des vaterländischen Frauenvereins. 1933 wurden sämtliche monarchistischen Verbände durch die Nationalsozialisten aufgelöst, so dass nur noch ein Leben im Privaten möglich war.

Cecilienstraße, um 1985

Das Potsdamer Schloss Cecilienhof machte die Kronprinzessin zu einem gesellschaftlich kulturellen Zentrum, dem namhafte Musiker und Dirigenten wie Elly Ney und Herbert Karajan angehörten. 1945 floh sie vor den russischen Alliierten und war gezwungen, ihren ganzen Besitz zurückzulassen, so dass sie nach dem Krieg in bescheidenen Verhältnissen lebend zwei Zimmer der Villa Fürstenhof in Bad Kissingen bezog. Zwei Jahre vor ihrem Tod bezog sie ein eigenes Haus in Stuttgart.

Durch ihr freundliches Wesen wurde die Herzogin eines der beliebtesten Mitglieder des Kaiserhauses und diente durch ihre elegante und modische Erscheinung bis in die 50er Jahre des 20. Jahrhunderts als Vorbild der Damenwelt. Sie starb am 6. Mai 1954 in der Villa Fürstenhof in Bad Kissingen an den Folgen eines Schlaganfalls. Ihre Begräbnisstätte liegt in der St. Michaels-Bastei auf der Burg Hohenzollern.

In Rheydt besteht die Cecilienstraße, benannt nach der letzten deutschen Kronprinzessin, bereits seit 1905. Durch die Stadttrennung von Gladbach und Rheydt im Jahre 1933 lagen die Hausnummern 1a bis 3 bis 1975 auf Gladbacher Gebiet, alle weiteren zum Stadtteil Rheydt hin.

Charlottenstraße
Verlauf: von der Reyerhütterstraße zur Elisabethstraße

Die Charlottenstraße wurde in Erinnerung an Viktoria Elisabeth Auguste Charlotte, geborene Prinzessin von Preußen, Herzogin von Sachsen-Meiningen und Tochter von Kaiser Friedrich III. benannt. Die Neubenennung erfolgte durch die Stadtverordnetenversammlung am 13. November 1900.

Charlotte wurde am 24. Juli 1860 in Potsdam geboren und starb am 1. Januar 1919 in Meiningen.

Charlottenstraße, 2009

Clara-Grunwald-Weg
Verlauf: von der Kabelstraße abgehender Weg

Clara Grunwald, Pädagogin, 1877–1943

Am 11. Juni 1877 wurde Clara Grunwald in Rheydt als Tochter eines Textilgroßhändlers geboren. Erst wohnte die Familie auf der damaligen Vikoriastraße 25 (heute Hugo-Preuss-Straße), zog anschließend 1878 in die Wickratherstraße 71, bevor sie kurze Zeit in Düsseldorf, Köln-Mühlheim und in Berlin lebte. Trotz des Textilgroßhandels konnten die Eltern der Tochter ein Studium nicht ermöglichen, so dass Clara das Pädagogik-Seminar besuchte und anschließend eine Stelle als Volkshochschullehrerin in Berlin-Nord erhielt. Traditionelle pädagogische Methoden zur Festigung der Klassenschranken und Leistungsorientierung lehnte sie kategorisch ab und regte nach dem Vorbild der italienischen Ärztin die Gründung der deutschen Montessori-Gesellschaft an, deren erste Vorsitzende sie wurde. 1924 eröffnete sie im Berliner Arbeiterviertel Wedding das erste Volkskinderhaus, in dem Kinder zwischen 8 und 17 Uhr betreut wurden. Ebenso verfasste sie ein Buch über die Pädagogik der Maria Montessori. Ab 1933 wurde ihr die Ausübung ihrer Tätigkeit untersagt. Bis 1939 hatten die Nationalsozialisten sämtliche Montessori-Schulen geschlossen. Obwohl sie nicht religiös war, trat sie eher aus Protest der Jüdischen Gemeinde bei und half jungen Juden bei der Auswanderung. 1941 erhielt sie die Genehmigung des von den Nationalsozialisten gegründeten Reichsverbands der Juden, in ein Umschulungslager zu ziehen, um dort Familien auf deren landwirtschaftlichen Tätigkeiten im Exil, wie es u. a. in Palästina erforderlich war, vorzubereiten. Zu diesem Zeitpunkt war Clara Grunwald bereits 64 Jahre alt. In Wirklichkeit benutzte man die Juden als billige Landarbeiter, um sie später in die Vernichtungslager zu bringen. Obwohl es von der SS strengstens untersagt war, unterrichtete Grundwald in Neuendorf nach sokratischer Methode. Zwischen dem 8. und 20. April 1943 wurde sie mit fast allen Insassen des »landwirtschaftlichen Umschulungslagers« Neuendorf in Viehwaggons gepfercht und in das Konzentrationslager Monowitz – ein Nebenlager von Auschwitz – gebracht. Sie weigerte sich, nach Theresienstadt zu gehen, wo ihre Überlebenschancen größer gewesen wären, und begleitete ihre Schützlinge. Unmittelbar nach ihrer Ankunft

Clara Grunwald, ca. 1935

wurde Tante Clara, wie sie in Neuendorf von ihren Schützlingen genannt wurde, ermordet. Seit dem 22. März 1995 trägt der von der Kabelstraße abgehende Weg den Namen Clara-Grunwald-Weg.

Elisabethstraße
Verlauf: von der Wilhelm-Delling-Straße zur Charlottenstraße

Elisabeth, Prinzessin von Bayern, Königin von Preußen, 1801–1873
Königin Elisabeth von Preußen wurde am 13. November 1801 in München geboren und war die Gemahlin König Friedrich Wilhelm IV., der 1845 Mönchengladbach besuchte. Am 14. Dezember 1873 verstarb Elisabeth in Dresden.

Anfangs war die heutige Elisabethstraße in Ost- und West-Elisabethstraße aufgeteilt. Am 7. Dezember 1885 beschloss die Stadt die einheitliche Benennung in Elisabethstraße. 1888 erhielten beide Straßenteile teilweise eine neue Hausnummerierung.

Königin Elisabeth von Preußen nach Joseph Stieler (um 1840)

Elisabethstraße, 2009

Erikastraße
Verlauf: von der Dünnerstraße im Bogen verlaufend zur Ehrenstraße/Zillkeshütte

Heidekraut – Calluna vulgaris

Erika, Heidekraut
Erika gehört zu den Gattungen der Heidekrautgewächsen und ist im Herbst und in den Wintermonaten eine beliebte Zierpflanze. Sie ist in den unterschiedlichsten Gebieten heimisch und wächst in den Feuchtheiden und Mooren (*Erica tetralix* – Glockenheide) sowie in Gebirgskiefernwäldern (*Erica herbacea* – Schneeheide). Zur Gattung der *Erica* zählen bis zu 800 Unterarten.

Die Erstbenennung der Straße wurde am 3. Mai 1972 im Rat der Stadt Mönchengladbach beschlossen.

Froriepstraße
Verlauf: von der Rostockerstraße abgehende Straße

Hannelore Froriep, 1957

Hannelore Froriep, Maschinenfabrikantin, 1895–1962
Hannelore Froriep, geborene Ziegler, wurde am 5. August 1895 geboren und heiratete den Fabrikanten Dr. Otto Ludwig Froriep († 1934). Sie war Hauptgesellschafterin der auf eine hundertjährige Firmentradition zurückblickenden Maschinenfabrik Froriep GmbH. Auch war sie Bauträgerin der Hannelore-Froriep-Siedlung in Odenkirchen-Güdderath. Am 9. Oktober 1962 starb sie in Erlangen und wurde auf dem Evangelischen Friedhof Rheydt beerdigt.

Auf Antrag der Familie Froriep beschloss die Stadtverordnetenversammlung am 16. Januar 1963 die Benennung in Froriepstraße.

Getraudenstraße

Verlauf: von der Odenkirchener Straße, die Maria-Kasper-Straße kreuzend, zur Christoffelstraße

Gertraude Keller, Fabrikantengattin, 1805–1884

1909 wurde die Gertraudenstraße auf Antrag sowie auf eigene Kosten von Johann und Wilhelm Keller ausgebaut und nach ihrer geliebten Mutter Gertraude benannt. Die Brüder waren Besitzer der J. & W. Keller GmbH, einer Baumwollspinnerei sowie Zwirnerei und Färberei auf der Odenkirchener Straße 252.

Anna Sybilla Gertraude Keller, geb. Kamphausen, wurde 1805 in Rheydt als vierte von fünf Töchtern des Bäckers und Spezereihändlers Caspar Kamphausen und seiner Frau Gertrud, geb. Scheulen, geboren. Dort, wo heute der Parkplatz der NVV AG liegt, stand damals die Bäckerei, an der Ecke Unterheydener- und Odenkirchener Straße.

Gertraude Keller, geb. Kamphausen, ca. 1880

Außerdem besaß die Familie in Rheydt-Heyden einige Parzellen Land. Als Bäcker und Spezereihändler handelte Caspar Kamphausen mit Mehl und Backzutaten, ebenso mit weiteren Hilfsmitteln wie u. a. Farbstoffen, die in der Textilherstellung verwendet wurden. Auch war er im Gemeinderat Rheydt (1816–1820) sowie später im Presbyterium der Evangelischen Kirchengemeinde (1822–1835) tätig.

Gertraude Kamphausen heiratete 1839 den Färbereibesitzer Johann Peter Keller (1811–1864). Die Ehe brachte vier Söhne hervor. Johann Peter Keller stammt aus einer Familie, die bereits seit Generation in und um Hückelhoven ansässig und u. a. im Färbereigewerbe tätig war. Nach seinem Militärdienst eröffnete er um 1835/37 seine eigene Färberei in Rheydt unter dem Firmennamen J. P. Keller. Nach der Heirat wurde die Firma in die Räume des Bauernhofes der Familie Kamphausen an der Odenkirchener Straße verlegt, da der Heydener Bach unmittelbar am Bauernhof entlang floss und somit die Wasserzufuhr gesichert war. Gertraude Keller arbeitete nicht nur in der Färberei mit, sondern war auch für die Bewirtschaftung des Bauernhofes verantwortlich, was der Versorgung der Familie und der Arbeitskräfte zugute kam. Gemeinsam mit seinem Schwager Johann Heinrich Strater erbaute

Johann Keller einen Ringofen zum Brennen von Ziegeln und war somit in der Lage, mit einer weiteren Firma unter dem Namen Strater & Keller am Aufschwung der Textilindustrie teilzunehmen.

Nach dem Tod Johann Kellers im Jahre 1864 übernahm Ehefrau Gertraude die Geschäftsleitung, da sich ihre Söhne noch in der Ausbildung befanden. Für damalige Verhältnisse war dies eine eher ungewöhnliche und mutige Entscheidung, da man einer Frau die Geschäftsführung nicht zutraute und das Risiko bestand, den Ruf des Geschäftes zu schädigen. Der Firmenname wurde in J. P. Keller Wwe geändert. Zuvor wurde im selben Jahr das Gebäude aufgrund des weltweiten Fortschritts um eine gewölbte Trockenkammer sowie einen Schornstein für eine Dampfmaschine erweitert. Erst 1873 übernahmen die Söhne Johann und Wilhelm Keller die Firma und führten sie unter dem Namen J. & W. Keller weiter. In den 1880er Jahren verkaufte man nach und nach immer mehr Gebäudeteile der Ziegelei an die Firma Busch & Vierhaus, später Kühn Vierhaus & Cie. 1905 wurden auch die letzten Parzellen an Kühn Vierhaus verkauft, so dass die Firma das Gelände umgestalten konnte. Der Helenenweg, der von der Odenkirchener Straße abgehend durch das Gelände J. & W. Keller führte, fiel weg, statt dessen wurde eine neue Straße abgehend von der Odenkirchener Straße Richtung Geistenbecker Höhe angelegt. Auf Initiative der Söhne wurde die Straße nach Gertraude Keller benannt, die 1884 in Rheydt verstorben war.

Geschwister-Scholl-Straße
Verlauf: von der Stauffenbergstraße im Bogen verlaufende Straße

Sophie Scholl, Widerstandskämpferin, 1921–1943

> *»Ich bin nach wie vor der Meinung, das Beste getan zu haben, was ich gerade jetzt für mein Volk tun konnte. Ich bereue deshalb meine Handlungsweise nicht und will die Folgen, die mir aus meiner Handlungsweise erwachsen, auf mich nehmen.«*   Februar 1943[5]

Die Geschwister Scholl sind wohl mit die bekanntesten Widerstandskämpfer gegen die Nationalsozialisten. Sie gehörten der Münchener Widerstandsgruppe »Weiße Rose« um Prof. K. Huber an, die sich politisch aktiv gegen das Nationalsozialistische System richtete. Im Untergrund druckten sie politische Flugblätter, die sie in der Stadt und an der Universität verteilten.

Sophie (1921–1943) und Hans Scholl (1918–1943) gehörten während ihres Studiums der Widerstandsgruppe bis zu ihrer Hinrichtung durch die Guillotine an.

Sophie Scholl wurde am 9. Mai 1921 in Forchtenberg geboren und studierte an der Münchener Universität Biologie und Philosophie. Nach einer politischen Aktion am 18. Februar 1943, bei der sie wieder einmal Flugblätter verteilten, wurden die Geschwister Scholl gemeinsam mit Freunden verhaftet und bereits vier Tage später, am 22. Februar 1943 in Berlin-Plötzensee hingerichtet. Dieses selbst für den Nationalsozialismus ungewöhnlich schnelle Urteil lässt sich nur durch das Statuieren eines Exempels erklären. Sophie und Hans Scholl waren nicht nur für die '68er-Bewegung ein Vorbild für den Widerstand gegen die Massen, sondern sind es für viele junge Menschen auch heute noch.

Briefmarke der Deutschen Bundespost 1964 (Briefmarkenblock mit Widerstandskämpfern)

Am 28. Juni 1967 beschloss der Stadtrat Mönchengladbach die Erstbenennung der von der Stauffenbergstraße im Bogen verlaufenden Straße. Somit liegen zwei Straßen, die nach berühmten Widerstandskämpfern benannt sind, nebeneinander.

Grete-Schmitter-Weg
Verlauf: Verbindungsweg zwischen Hamerweg und Mürrigerstraße

Grete Schmitter, Wohltäterin, 1920–1990
Grete Schmitter wurde am 3. August 1920 im heutigen Haus Hamerweg 276 in Venn geboren. Neben ihrer Tätigkeit als Einzelhandelskauffrau engagierte sie sich für die sozialen Belange ihrer Mitbürger. Sie war in der Sozialpolitik tätig und setzte sich für die Menschen in der Dritten Welt ein. Für ihr kirchliches und soziales Engagement sowie als Rendantin der Pfarre St. Maria Empfängnis in Venn erhielt sie die goldene Ehrennadel der Stadt Mönchengladbach sowie das Silberne Verdienstkreuz des Caritasverbandes. Am 28. Oktober 1990 starb Grete Schmitter im Alter von 80 Jahren.

Grete Schmitter, um 1980

Grete-Schmitter-Weg, 2010

Am 3. Februar 1993 beschloss der Rat der Stadt Mönchengladbach die Erstbenennung des Verbindungsweges zwischen Hamerweg und Mürrigerstraße.

Helenastraße
Verlauf: von Am Mühlentor zum Südwall

Helena, Heilige, um 249 – 329

Die Helenastraße in Mönchengladbach-Rheindahlen trägt den Namen der Schutzpatronin der dortigen Pfarrkirche St. Helena. Ebenso wie der St.-Helena-Platz befindet sie sich an der Kirche. Da die örtlichen Schützenbruderschaften meist den Namen ihrer Pfarrgemeinde tragen, gibt es in Rheindahlen auch eine St.-Helena-Schützenbruderschaft, die auf eine lange Tradition zurückblicken kann.

Der Legende nach wurde Flavia Iulia Helena Augusta um 248/250 in Drepanum, dem heutigen Karamürsel, geboren. Aus nicht legitimer Ehe mit dem späteren römischen Kaiser Constantius I. ging der Sohn und spätere römische Kaiser Konstantin der Große hervor. Nachdem Constantinus verstorben war, wurde der Sohn Konstantin Kaiser und übernahm das Heer seines Vaters. Anschließend ließ der neue Kaiser seine Mutter zum Regierungssitz nach Trier holen. Dort hatte sie ihren Lebensmittelpunkt. Im Gegensatz zu ihrem Mann, der Heide war, bekannte Helena sich früh zum Christentum. Konstantin siegte 312 in der Schlacht gegen Maxentius an der Milvischen Brücke und erließ im Folgejahr ein Toleranzedikt, das die Christenverfolgung seiner Vorgänger schlagartig beendete. Der Legende nach veranlasste die Liebe zum noch jungen Christenglauben Helena noch im hohen Alter von 76 Jahren ins Heilige Land Palästina zu reisen, um dort, im Jahr 326 Grabungen zu veranlassen. Angeblich wurden Reste des wahren Kreuzes Christi sowie der Ort des Heiligen Grabes gefunden. An den Fundorten ließen Helena und Konstantin eine Basilika errichten. Auch weitere Kirchenbauten gehen auf die Helena zurück. Auch der Reliquienfund der Heiligen Drei Könige wird auf Helena zurückgeführt. Helena starb vermutlich am 18. August 329. Ihre Gebeine sollen in der Kirche Santa Maria in Aracoeli in Rom liegen, weitere Reliquien kamen nach Paris.

Sankt-Helena-Platz, 2009

Hl. Helena, 18. Jh., Kapelle Rheindahlen-Sittardheide

Sankt-Helena-Platz
Der Sankt-Helena-Platz liegt in der Nähe der Pfarrkirche St. Helena in Rheindahlen

Der Platz ist nach der Kaiserin und Schutzpatronin Helena benannt.

▸ Weiteres siehe *Helenastraße*

Hettweg
Verlauf: von der Viersener Straße abgehender Weg

In den Protokollen der Beschlussorgane der Stadt Mönchengladbach ist über den Namensursprung leider nichts verzeichnet. Als Straßenname taucht die Bezeichnung auch im baden-württembergischen Kehl am Rhein nahe Straßburg auf. Nach dem Deutschen Wörterbuch[6] der Brüder Grimm mit Verweis auf das Mittelhochdeutsche Wörterbuch von Matthias Lexer[7] liegt der Namensursprung im Mittelhochdeutschen. Die Straßenbezeichnung »Hettweg« deutet auf einen Frauennamen wie Hedwig oder eine mittelhochdeutsche Koseform hin. Tatsächlich ist die Bezeichnung zwar nicht auf einen Frauennamen zurückzuführen, wohl aber auf eine weibliche mittelhochdeutsche Form: laut Wörterbuch der Brüder Wilhelm und Jacob Grimm steht unter *Hettel* die Worterklärung für *Ziege* oder *Zieglein*, die sich aus dem Mittelhochdeutschen von *hatele* ableiten lässt. Hauptsächlich war dieses Wort in Oberdeutschland bekannt, aber auch im Bayerischen und im Tiroler Raum. Dass ein solcher »Ziegenweg« auch in Mönchengladbach Einzug fand, lässt auf eine historische Flurbezeichnung schließen. Die Erstbenennung durch den Rat der Stadt erfolgte am 10. November 1965.

Hilderather Straße
Verlauf: von der Erkelenzer Straße bis Hilderath

Die Stadtverordnetenversammlung beschloss am 18. Juli 1923 die Umbenennung der Sittardstraße in Hilderather Straße, benannt nach der Honschaft Hilderath. Hilderath (Hilderode) ist 1240 erstmals schriftlich erwähnt und trägt 1468 den Namen Hildrad und um 1549 Hildegarderode. Benannt wurde er vermutlich nach der Ehefrau eines angesehenen und einflussreichen Mannes. Laut Adressbuch Mönchengladbach von 1929 ist der Name auf eine durch Hilde veranlasste Rodung zurückzuführen.

Am 13. April 2004 erhielt ein Teil der Straße *Am Kapellchen* in Hilderath-Rheindahlen ebenfalls die Bezeichnung Hilderather Straße, die übrigen Teile behielten den Namen *Am Kapellchen*.

Die Straße Hilderath mit Blick auf den Ortseingang, 2009

Hilderath (Straße)
Verlauf: von der Hilderather Straße übergehend zu Baum (Straße)

▸ Weiteres siehe *Hilderather Straße*

Hittastraße
Verlauf: von Waldnielerstraße zur Speicker Straße

Hitta Adelheid, Gattin des sagenhaften Stadtgründers Graf Balderich, vor *982
Hitta war die Ehefrau des Grafen Balderich, der um das Jahr 1000 als Graf des Drentegaus regierte. Er galt als Gründer des Stiftes zu Zyfflich bei Kleve. Balderich und seine Frau Adelheid, auch bekannt unter dem Namen Adela oder Hitta, sind auf

einer Liste als Wohltäter des Klosters Köln-Deutz namentlich erwähnt. Adelas Vater, der Graf von Hamaland, war in das Gladbacher Kloster eingetreten, nachdem er 967 das Stift St. Vitus in Ellen bei Emmerich gegründet hatte. Er verstarb um 982 im Kloster.

In einer Abschrift des Gladbacher Totenbuches von 1140 wird ein ganz anderer Graf Balderich erwähnt: der angeblich erste Gründer der Kirche, deren Ruinen Gero bei seiner Ankunft in Mönchengladbach

Die Stadtgründer Graf Balderich und Gemahlin Hitta

zur Zeit Karl des Großen vorfand, und der aufgrund der Errichtung des Klosters als zweiter Gründungsvater der Stadt Mönchengladbach gilt. Ihm zur Seite stellte man fälschlicherweise Hitta, die Frau des Grafen des Drentegaus. Es ist zu vermuten, dass bei der Übertragung eines älteren Totenbuches in das Gladbacher Totenbuch beide Persönlichkeiten für ein und dieselbe Person gehalten wurden. Über Adelheid ist nichts Weiteres bekannt.

Irisweg
Verlauf: der Lilienweg geht in südwestlicher Richtung in den Irisweg über

Iris (auch Schwertlilie), Blume
Die Schwertlilie, auch bekannt unter dem Namen Schilflilie, gehört zur Gattung der Schwertliliengewächse mit rund 300 Arten. Sie ist u. a. in gemäßigten Gebieten der Nordhalbkugel heimisch. Die wildlebenden Populationen aller heimischen Arten sind geschützt.

Der Irisweg befindet sich im Wickrather Blumenviertel und trug vor der Umbenennung am 15. Oktober 1974 den Namen Tulpenweg.

Schwertlilie – Iris

Johanna-Hölters-Straße
Verlauf: südlich der Landscheidung und südöstlich der Bahnstraße

Johanna Hölters, Gründerin des Blindenvereins, 1883–1965

Sehr früh war Johanna Eva Hölters durch eine Erkrankung erblindet. Am 27. Juli 1883 in Krefeld geboren, besuchte sie erst in Düren eine Blindenschule, anschließend ein Krefelder Konservatorium. Trotz ihrer Erblindung wollte sie als Frau des 20. Jahrhunderts ein selbstständiges Leben führen und beschloss mit 21 Jahren Lehrerin an einer Blindenschule zu werden. Nachdem sie das staatliche Lehrerinnen-Seminar in Xanten 1907 erfolgreich absolviert hatte, wurde ihr die Zulassung allerdings verwehrt, da es im damaligen preußischen Staat Blinden untersagt war, in den öffentlichen Dienst zu treten. Dieser Umstand zog sie nach Paris, wo sie abermals eine Lehrerinnen-Prüfung absolvierte und anschließend in Frankreich sehende Schülerinnen unterrichten durfte. Der Beginn des Ersten Weltkrieges zwang sie zurück nach Deutschland. Dort gab sie Privatunterricht. 1921 zog sie zu ihrer Schwester und erhielt etwas später eine Anstellung in der Handels- und Gewerbeschule Rheydt.

Johanna Hölters, Gründerin des »Blindenvereins«, ca. 1954

Anschließend rief Johanna Hölters 1923 den Blindenverein für Mönchengladbach und Umgebung ins Leben und gründete 1925 gemeinsam mit dem damaligen Wohlfahrtdezernenten Wilhelm Kliewer eine Stelle der Blindenfürsorge für Gladbach, Rheydt und den Landkreis Viersen. Bereits sehr früh setzte sie sich für die Rechte und bessere Lebensbedingungen der Blinden ein. Ebenso war Johanna Hölters in der Beratung tätig. Sie organisierte auch das Material für ihre Gefährten, damit sie ihren erlernten Beruf zuhause ausüben konnten, und verkaufte die Produkte erfolgreich an umliegende Firmen. Um der Vereinsamung der älteren blinden Bürger entgegenzutreten, gründete sie u. a. einen Chor und schuf weitere gesellschaftliche Angebote.

Die Tätigkeiten des Blindenvereins expandierten, so dass er größere Räume benötigte. 1933 musste Adolf Abraham aus Nazi-Deutschland emigrieren und vermachte seine Villa auf der Mozartstraße dem Blindenverein. Da die Nationalsozialisten die Villa konfiszieren wollten, wurde kurzerhand der Blindenhilfsverein gegründet, der die Vermögenswerte des Blindenvereins übernahm. Während der Bombenangriffe wurde das Haus zerstört und 1945 wieder errichtet. Auch die Geschäftsräume auf der Albertusstraße wurden zerstört. 1954 erhielt Johanna Hölters das Bundesverdienstkreuz und ging 1958 in den Ruhestand. Sie verstarb am 3. Juni 1965 in ihrem zu Lebzeiten errichteten Blindenheim.

Am 12. Dezember 1990 beschloss der Stadtrat Mönchengladbach die Erstbenennung der Johanna-Hölters-Straße.

Katharina-Zimmermann-Weg
Verlauf: von der Ahren (Straße) zur Uhlandstraße

Katharina Zimmermann, Kommunalpolitikerin, 1891–1974

Nach dem Zweiten Weltkrieg gründete Katharina Zimmermann am 20. März 1946 mit anderen aktiven Bürgern die Ortsgruppe der CDU in Giesenkirchen. Bereits am 13. Februar 1946 wurde sie bei den Kommunalwahlen in den Rat der Stadt Rheydt gewählt. Auch in den Jahren 1948, 1952 sowie 1956 gelang ihr die Wiederwahl in das Gremium.

Am 10. Mai 1891 in Giesenkirchen geboren, war Katharina Zimmermann schon sehr früh politisch engagiert und u. a. Mitglied der christlichen Textilarbeitergewerkschaft. Schwerpunkt ihrer späteren kommunalpolitischen Arbeit war die Behebung der schlechten Ernährungssituation in den ersten Nachkriegsjahren sowie die Linderung der Wohnungsnot in den zerstörten Stadtteilen.

Ebenso wurden ihr viele Vormundschaften übertragen. Diese Aufgabe übte sie mit voller Verantwortung und Gewissenhaftigkeit aus und pflegte zeitlebens die Kontakte zu den ihr anvertrauten Menschen. Mit fast 83 Jahren verstarb sie am 31. März 1974 in Giesenkirchen. Am 14. Februar 2002 wurde eine Straße nach der Mönchengladbacher Kommunalpolitikerin benannt.

Katharina-Zimmermann-Weg, 2009

Katharinenstraße
Verlauf: von der Dahlener Straße zum Hocksteiner Weg

Katharina Daniels, Fabrikantin, 1862–1935
Josef Daniels ließ 1884 anlässlich des Neubaus seiner Spinnerei einen Weg von der Dahlener Straße zum Hocksteiner Weg anlegen und schenkte der Stadt Rheydt das anliegende Gelände, worauf diese den Weg zur Straße ausbaute. Am 19. Januar 1904 wurde die Straße, welche an der Fabrik vorbei führte, durch die Stadtverord-

Briefkopf Wilhelm Daniels und Co., Baumwoll- und Zellwollspinnerei und Zwirnerei, Rheydt, Dahlener Straße, ca. 1922

netenversammlung Rheydt nach der Gattin des Fabrikanten »Katharinenstraße« benannt. 1943 brannte die Fabrik durch Bombenangriffe bis auf die Grundmauern nieder und wurde nach dem Krieg wieder errichtet. Als in den Wirtschaftswunderjahren die Konkurrenz immer stärker wurde, mussten die Nachkommen aufgrund des Konkurrenzkampfes die Produktion einstellen.

▶ Weiteres siehe *Am Katharinenhof*

Liebfrauenstraße
Verlauf: von der Dünner Straße zur Leufgenstraße

Gottesmutter Maria, Heilige
Die Liebfrauenstraße trägt ihren Namen nach der ehemaligen Kloster- und späteren Pfarrkirche, die heute noch ein Marienpatrozinium besitzt. Bis Mitte des 14. Jahrhunderts war die Mutter Gottes erste Schutzheilige des Klosters. Im

Adressbuch Mönchengladbach ist die Liebfrauenstraße bereits 1925/26 verzeichnet.

Liebfrauenstraße, 2010

Maria Mutter Gottes,
Klosterkirche Neuwerk

Louise-Gueury-Straße
Verlauf: von der Vorster Straße an der Hardterwald-Klinik vorbeiführend zum Heiligenpesch

Louise Gueury, Stifterin, 1854–1900
Am 27. April 1903 wurde eines der wohl bedeutesten Vermächtnisse an die Stadt Mönchengladbach erfüllt: Die Grundsteinlegung für die Lungenklinik im Hardter Wald wurde vollzogen. Die Stifterin Louise Gueury wurde am 13. Mai 1854 in der damaligen Dahlener Straße, heute Aachener Straße 12, geboren und verstarb am 21. Juli 1900 an Lungentuberkulose. Diese Krankheit, besser bekannt als »Weiße Pest«, bestimmte das 19. Jahrhundert bis zur Jahrhundertwende. Selbst Thomas Mann beschrieb diese Krankheit in seinem Roman »Der Zauberberg«.

Louise Gueury stammte aus einer wohlhabenden Kaufmannsfamilie, der Vater Toussaint Celestin Gueury, in Belgien geboren, gelangte durch ein Kommissionsgeschäft für

Louise Gueury
im Alter von 30 Jahren, 1884

Hardterwald-Klinik,
Lungenheilstätte, ca. 1910

Liegehalle im Hauptgebäude,
ca. 1927

Wollgarne zu großem Reichtum. Er und Louises Brüder starben an der Tuberkulose. Aus dem privaten Leben Louise Gueurys ist nichts bekannt. Weder Tagebücher noch Briefe sind überliefert, das einzige und somit kostbarste Dokument ist ihr Testament, in dem sie ihr gesamtes Vermögen der Stadt Mönchengladbach vermachte. Dieses Vermächtnis war mit einer unausweichlichen Bedingung verknüpft: Ein Großteil ihres Vermögens sollte für den Bau einer Heilanstalt für Frauen und Männer, die an Tuberkulose erkrankt waren, verwendet werden. Da es zu der damaligen Zeit ausreichend Kliniken für Männer gab, entschied die Stadt Mönchengladbach, eine Klinik nur für Frauen zu errichten.

> »*Als Universal-Erbin ernenne ich die Stadt: München-Gladbach, und soll derselben mein ganzes noch verbleibendes Eigentum, sowie das Kapital der einstweilen noch auszuzahlenden Renten unter folgenden Bedingungen zufallen. Die Stadt errichtet in möglichst nächster, passender Umgegend eine Volksheilstätte für heilbare Lungenkranke. Die Gebäude, Anlagen und Einrichtungen sollen Raum haben für achtzig bis hundert Betten für Männer und Frauen mit allen der Neuzeit und der Wissenschaft entsprechenden Verpflegungs-Einrichtungen. Auch soll möglichst großes Terrain und Wald für Spaziergänge der Kranken erworben werden. Soweit die Zinsen des hierauf verbleibenden Kapitals reichen, sollen Freibetten vergeben werden, an solche mittellose Gladbacher Bürger, die die Kosten der Heilstättenbehandlung nicht selbst tragen können, und denen die Segnungen unserer sozialen politischen Gesetzgebung nicht zu gute kommen. [...]*«[8]

Weiter verfügte sie bis ins kleinste Detail über die Kompetenz der Ärzte bis hin zu Ermäßigungen des Pflegesatzes für Bedürftige. Auch bestimmte sie, dass die Ordensschwestern der »Armen Dienstmägde Jesu Christi« aus Dernbach die Patienten der Heilstätte versorgen sollten.

1930 wurde die projektierte Straße zur heutigen Hardterwald-Klinik in »Luise-Gueury-Straße« benannt und am 15.6.1993 in »Louise-Gueury-Straße« korrigiert.

Luisenhof
Verlauf: von der Rudolfstraße abgehend

Der Luisenhof ist sowohl ein soziales Siedlungsprojekt als auch postalische Adresse. Mit der Bekanntmachung der Stadt Mönchengladbach vom 30. Dezember 1929 ist sie in den Akten als »Städtische Siedlung an der Rudolfsstraße« erstmals erwähnt. Der soziale Charakter der Siedlung lässt als Namensgeberin Luise zu Mecklenburg-Strelitz (1776–1810), Gemahlin des Kronprinzen Friedrichs von Preußen, vermuten, allerdings gibt es dafür keine Belege.

Die Siedlung Luisenhof entstand 1929 aus einer Interessengemeinschaft heraus, die der großen Wohnungsnot der 1920er Jahre entgegenwirken wollte. Ziel war es, gemeinsame Interessen zu vertreten, sich gegenseitig nachbarschaftlich zu unterstützen, sowie gemeinsame Freizeitaktivitäten zu organisieren. Die Gemeinschaft bestand bis Ende des Krieges. 1973 gründeten die Bewohner des Luisenhofes eine neue Gemeinschaft, die die Wohn- und Lebensbedingungen in der Siedlung verbessern sollte. So wurden im Laufe der 1970er Jahre das Gemeinschaftshaus renoviert, eine eigene Zeitung herausgegeben, der Sportplatz ausgebaut sowie eine neue Fußballmannschaft gegründet.

▶ Weiteres siehe *Luisenstraße*

Luisenstraße
Verlauf: von der Burggrafenstraße zur Vitusstraße

Luise zu Mecklenburg-Strelitz, Gemahlin des Kronprinzen Friedrich von Preußen, 1776–1810
Herzogin Luise Auguste Wilhelmine Amalie zu Mecklenburg-Strelitz, Tochter des Herzogs Karl von Mecklenburg-Strelitz, wurde am 10. März 1776 in Hannover geboren und heiratete 1793 den preußischen Kronprinzen und späteren König Friedrich Wilhelm III. von Preußen. Sie brachte zehn Kinder zur Welt, unter ihnen Friedrich Wilhelm IV. und Wilhelm I. Sie galt als leidenschaftliche Patriotin und folgte ihren Ansichten treu. Es heißt, sie führte eine bescheidenes und harmonisches Hof- und Familienleben, was für die übrigen Herrschaftshäuser

Begegnung Königin Luise von Preussen mit Napoleon 1807, von Josef Eichstaedt 1895

nicht selbstverständlich war. 1805 drängte sie auf ein Bündnis mit Russland, um der drohenden Gefahr aus Frankreich entgegenzuwirken. Bereits ein Jahr später flüchtete sie mit ihren Kindern nach Memel und Königsberg, nachdem Preußen in der Doppelschlacht von Jena und Auerstedt am 14. Oktober 1806 eine schwere Niederlage gegen die französischen Truppen unter Napoleon Bonaparte erlitten hatte. Während der Tilsiter Friedensverhandlungen 1807 versuchte sie Napoleon in Gesprächsverhandlungen mildere Bedingungen für Preußen abzugewinnen. Dieser Versuch missglückte ihr. Am 19. Juli 1810 starb Luise auf Schloss Hohenzieritz an der Folgen einer Lungenentzündung.

Schon zu Lebzeiten der Königin und kurze Zeit nach ihrem Tod entwickelte sich rasch ein Personenkult um die junge Königin. Vor allem ihre Schönheit und ihre bürgerlichen Tugenden, die sie konsequent vertrat, brachten ihr große Verehrung ein. Besonders ihre Nähe zu den Reformern und der politische Verlauf der Französischen Revolution ließen sie zur Leitfigur einer konstitutionellen Monarchie werden. Dichter wie Novalis und August Wilhelm Schlegel huldigten der jungen Königin in ihren Werken. 1814 wurde der Königlich Preußische Louisenorden (Luisenorden) gestiftet und war der höchste Damenorden des Königreichs Preußens. Er galt als Auszeichnung für die Frauen, Mütter und Töchter des Vaterlandes, welche ihre Männer im Kampf gegen die Franzosen u. a. mit Hoffnung und Kraft beiseite standen. Auch Maria Lenssen wurde am 25. Januar 1900 der Louisen-Orden, 2. Abteilung, 2. Klasse verliehen.

Am 22. Februar 1911 beschloss die Stadtverordnetenversammlung die Umbenennung der Straße zwischen der damaligen Hohlstraße und Vitusstraße in Luisenstraße. Die ehemalige Bezeichnung Louisenstraße lässt aber auch eine Benennung nach Königin Louise möglich erscheinen. 1958 bestand die Absicht, den Teil der Luisenstraße zwischen Hohl- und Vitusstraße in Südstraße umzubenennen. Dieser Vorschlag wurde allerdings zurückgestellt.

Luisental (Luisenthal)
Verlauf: von der Steinstraße zur Einruhrstraße

Der früheste Beleg des Straßennamens ist im Stadtverordnetenprotokoll von Odenkirchen vom 26. Oktober 1900 zu finden. Am 27. September 1907 beschloss die Stadtverordnetenversammlung auf Antrag des Katasteramtes die Schreibweise Luisental. Ob die Benennung auf Luise zu Mecklenburg-Strelitz (1776–1810) verweist, ist unbekannt.

▸ Weiteres siehe *Luisenstraße*

Luise-Vollmar-Straße
Verlauf: von der Volksgartenstraße zur Schulstraße

Luise Vollmar, Schuldirektorin, 1870–1958

Luise Vollmar war von 1908 bis 1933 Direktorin der heutigen Maria-Lenssen-Schule, damals noch Staatliche Handels- und Gewerbeschule für Mädchen in Rheydt. Luise Emma Elisabeth Vollmar bestritt einen langen und interessanten Berufsweg, bis sie schließlich nach Rheydt kam. Als Kind einer evangelischen Kaufmannsfamilie aus Köln am 30. Dezember 1870 geboren, besuchte sie die Höhere Mädchenschule. Nach ihrer Ausbildung als Handarbeits- und Industrielehrerin in Berlin absolvierte sie am 15. Juni 1894 ihr Examen zur Handarbeitslehrerin.

In Berlin-Charlottenburg war sie als Privat- und Schullehrerin tätig. In Falkenburg erhielt sie den Auftrag, in der Textilfachschule eine gewerbliche Mädchenabteilung aufzubauen, die später als separate Schule geführt wurde. Später in Thron in Westpreußen wurde ihr ebenfalls die Aufgabe anvertraut, die Haushaltungs- und

Luise Vollmar, Direktorin der Maria-Lenssen-Schule (Staatliche Handels- und Gewerbeschule für Mädchen), 1935

Schülerinnen in der Küche der Staatlichen Handels- und Gewerbeschule für Mädchen Rheydt, ca. 1940

Gewerbeschule für Mädchen als schulische Abteilung aufzubauen. In Rheydt entstand während ihrer Amtszeit ein Erweiterungsbau an der Peltzerstraße, und 1932 war das Schülerinnenwohnheim an der Mühlenstraße bezugsfertig. Im Rheinland gilt sie als eine vorbildhafte Persönlichkeit, die die Berufsausbildung für Frauen und Mädchen für hauswirtschaftliche und gewerbliche Berufe vorantrieb.

1933 ging sie in den Ruhestand und musste während des Krieges von Bad Godesberg nach Dresden ziehen. Nach den schweren Luftangriffen 1945 kam sie bei einem befreundeten Paar in Rheydt unter. Am 19. Dezember 1958 verstarb sie 88-jährig in Bad Godesberg. Zeit ihres Lebens widmete sie sich der Berufsausbildung der weiblichen Jugend. Bei ihrer Pensionierung 1933 äußerte sie ihre Sorge über das im kommenden Regime angestrebte Frauenideal, und hoffte sehr, dass die Staatliche Handels- und Gewerbeschule für Mädchen ihren Inhalten treu bleiben würde.

Mit Ratsbeschluss vom 20. März 1991 wurde die Straße nach ihr benannt.

Margarethenstraße
Verlauf: von der Eickener Straße zur Humboldtstraße

Am 12. Juli 1875 wird die neu projektierte Straße zwischen der heutigen Eickener- und der Humboldtstraße durch die Stadtverordnetenversammlung als Margarethenstraße benannt. Ob der Frauenname auf die Heilige Margarethe verweist oder ebenso wie die ehemalige Margarethenstraße in Rheydt (heute Triererstraße) nach der Fabrikantengattin Margarethe Giesen benannt wurde, bleibt anhand der Quellenlage ungeklärt.

Margarethenstraße, 2010

▶ Weiteres siehe *ehem. Margarethenstraße*

Maria-Kasper-Straße
Verlauf: vom Gotzenweg über die Odenkirchener Straße zum Kreuzweg

Maria Kasper, Gründerin der Genossenschaft der Armen Dienstmägde Jesu Christi, 1820–1898

Maria Katharina Kasper, geboren am 26. Mai 1820 in Dernbach, war die Gründerin der Genossenschaft der Armen Dienstmägde Jesu Christi in Rheydt. Der Genossenschaft, auch als Dernbacher Schwestern bekannt, übertrug Louise Gueury testamentarisch die Versorgung ihrer Heilstätte im Hardter Wald. Die Genossenschaft ist ebenfalls im Städtischen Krankenhaus und im St. Josef-Haus in Odenkirchen tätig. Maria Kasper gründete bereits 1845 eine wohltätige Vereinigung, deren Mitglieder Kranken und vereinsamten Menschen in Not beistanden. 1851 legten Maria Katharina und ihre vier Glaubensgenossinnen in der Pfarrkirche zu Wirges ihr Gelöbnis ab und trugen fortan den Namen Dernbacher Schwestern. Sie starb am 2. Februar 1898. Am 16. April 1978 wurde Mutter Maria Katharina von Papst Paul VI. seliggesprochen.

Portrait der Maria Katharina Kasper auf einem niederländischen Gebetbildchen

Im Stadtplan Rheydt von 1894/95 ist die Straße unter dem Namen Marienweg bereits verzeichnet. 1896 begann der Ausbau des Weges und wurde durch den Bau der Eisenbahnstrecke über Odenkirchen in Richtung Köln im Jahr 1899 stark verändert. Die Umbenennung in Maria-Kasper-Straße erfolgte am 25. September 1974.

Maria-Klothen-Straße
Verlauf: von der Straße Biesel abgehende Straße

Maria Klothen, Stifterin, 1866–1929
Maria Klothen stiftete in Giesenkirchen das Gelände, auf dem die Kirche St. Mariä Himmelfahrt, der Kindergarten und das Jugendheim errichtet wurden. Sie gilt auch als Stifterin der Notkirche Meerkamp in Giesenkirchen. Daneben entstand in der ehemaligen Anton-Heinen-Straße die Anton-Heinen-Siedlung. Über Maria Klothen, geborene Pottschen, ist kaum etwas bekannt. Sie wurde am 29. März 1866 in Giesenkirchen geboren und starb am 2. März 1929. Ihr Grabstein befindet sich hinter der Notkirche.

Maria-Klothen-Straße, 2009

Die ehemalige Anton-Heinen-Straße wurde am 25. September 1974 in Maria-Klothen-Straße umbenannt. Laut Ratsbeschluss vom 28. März 1990 sollte die Straße in Josef-Jentges-Straße umbenannt werden. Es gingen insgesamt drei Widersprüche ein, denen der Rat im September stattgab.

Marie-Bernays-Ring
Verlauf: der Marie-Bernays-Ring liegt im Gewerbegebiet Güdderath

Marie Bernays, Nationalökonomin und Frauenrechtlerin, 1883–1939
Ihre wohl bedeutendste Arbeit ist ihre Dissertation »Auslese und Anpassung der Arbeiterschaft der geschlossenen Großindustrie, dargestellt an den Verhältnissen der Gladbacher Weberei und Spinnerei A.-G. zu München-Gladbach im Rheinland« von 1910. Für diese akademische Arbeit bot sich die Textillandschaft im Rheinland und hier speziell Mönchengladbach an, das auch als »Rheinisches Manchester« bekannt war. Heute vielleicht mit einem Günther Wallraff vergleich-

bar, ließ Bernays sich unerkannt als Spulerin in die Gladbacher Weberei und Spinnerei A.-G. einstellen, um so die Arbeitsverhältnisse sowie das Verhältnis zwischen Arbeiter und Unternehmer zu erforschen. Ihr Fazit ist am Ende ihrer Untersuchung allerdings ein ganz anderes: problematisch für sie scheint nicht die Beziehung zwischen Arbeiter und Unternehmer, sondern das Fortschreiten der Industrialisierung und ihre Auswirkungen auf das Leben der Menschen. Als Dokument, das die Situation der Arbeiter in der Großindustrie vor dem Ersten Weltkrieg beschreibt, ist es heute nach wie vor eine wichtige Quelle zur Entwicklung der Industrialisierung.

Marie Bernays, ca. 1918

Marie Bernays stammte aus einer akademischen Familie. In München am 13. Mai 1883 als Tochter eines Professors für Literaturgeschichte geboren, absolvierte sie 1906 in Heidelberg ihr Abitur und begann dort als eine der ersten Frauen ihr Studium der Philosophie, Theologie und der Nationalökonomie. Letzteres war ein ungewöhnliches Studienfach für eine Frau, waren Frauen eher Fächer der Geisteswissenschaften zugeschrieben. In Nationalökonomie besuchte sie u. a. Vorlesungen bei Max Weber, Mitbegründer der Soziologie und Ehemann der Frauenrechtlerin Marianne Weber, die von 1919 bis 1923 Vorsitzende des Bundes deutscher Frauenvereine war.

Marie-Bernays-Ring, 2009

Bernays Zeit in Mönchengladbach währte nur während ihrer Forschungsarbeit, anschließend ging sie zurück nach Heidelberg. 1916 gründete sie in Mannheim gemeinsam mit Dr. Elisabeth Altmann-Gottheimer die Soziale Frauenschule, heute Friedrich-Fröbel-Schule, Fachschule für Sozialpädagogik in Mannheim, um dort Mädchen eine Ausbildung in Sozialberufen ermöglichen zu können. Sie engagierte sich in der Frauenpolitik und versuchte Frauen aus ihrer Passivität und Politikverdrossenheit hervorzulocken. Für die nationalliberale Deutsche Volkspartei, der auch Gustav Stresemann angehörte, wurde Bernays 1921 in den Badischen Landtag gewählt. Ihr Mandat hatte sie bis 1925 inne.

Als 1933 die Nationalsozialisten an die Macht gewählt wurden, suspendierte man sie, Protestantin aus Überzeugung, jedoch mit jüdischem Hintergrund, vom Schuldienst und diffamierte die Schulleiterin sogar in der Presse. Die Frauenschule wurde der NS-Wohlfahrt übergeben. Zum Katholizismus konvertiert, den sie damals unter den Arbeiterinnen als sehr positiv empfunden hatte, flüchtete sie in das Benediktiner-Kloster zu Beuron im Oberen Donautal, wo sie bis zu ihrem Tode am 22. April 1939 lebte. Die Straße wurde am 10. Juli 1991 benannt.

Marie-Juchacz-Straße
Verlauf: im Bogen auf den Marie-Bernays-Ring zulaufend

Marie Juchacz, Reichstagsabgeordnete und Gründerin der Arbeiterwohlfahrt, 1879–1956

> *»Wir Frauen werden mit ganz besonderem Eifer tätig sein auf dem Gebiet des Schulwesens, auf dem Gebiet der allgemeinen Volksbildung […]. Die gesamte Sozialpolitik überhaupt, einschließlich des Mutterschutzes, der Säuglings-, der Kinderfürsorge wird im weitesten Sinn Spezialgebiet der Frauen sein müssen. Die Wohnungsfrage, die Volksgesundheit, die Jugendpflege, die Arbeitslosenfürsorge sind Gebiete, an denen das weibliche Geschlecht ganz besonders interessiert ist und für welches es ganz besonders geeignet ist.«*[9]

Marie Gohlke wurde am 15. März 1879 in Landsberg an der Warthe geboren. Nach ihrer Volksschulausbildung arbeitete sie drei Jahre als Dienstmädchen in verschiedenen Haushalten. Nach ihren zahlreichen Berufsausbildungen u. a. als Krankenpflegerin und Schneiderin, lernte sie den Schneidermeister Bernhard Juchacz kennen, den sie 1903 heiratete. Die Ehe währte nicht lange, nach drei Jahren ließ sie sich wieder scheiden. Sie zog mit ihren Kindern zu ihrer Schwester Elisabeth Roehl nach Berlin. Gemeinsam mit ihrer Schwester gründete sie dort während des Ersten Weltkrieges die Frauen-Heimarbeitszentrale und Juchacz wurde Mitglied der Lebensmittelkommission. Da das Preußische Vereinsgesetz Frauen die Teilnahme an politischen Vereinen verbot, tarnten die Sozialdemokratinnen politische Organisationen durch Bildungsvereine, die in der damaligen Zeit eher das Metier von Frauen waren. 1908 wurde das Preußische Vereinsgesetz durch das Reichsvereinsgesetz abgelöst und ermöglichte somit Marie Juchacz den Eintritt in die Sozialdemokratische Partei. Ihre politische Karriere schritt schnell voran: 1917 wurde sie zentrale Frauensekretärin im SPD-Vorstand in Berlin. Das Amt wurde ihr von Friedrich Ebert übertragen. Erst am 30. November 1918 wurde mit der Verordnung über die Wahlen zur verfassungsgebenden deutschen Nationalversammlung das Frauenwahlrecht gesetzlich festgelegt. Anschließend übernahm Juchacz die Redaktion der Frauenzeitung »Gleichheit«. Am 13. Dezember 1919 gründete sie die Arbeiterwohlfahrt (AWO), eine bis heute wichtige Institution für soziale Dienste in den deutschen Städten, deren erste Vorsitzende sie bis zu ihrem Exil blieb.

Marie Juchacz war von 1919/20 bis 1930 Reichstagsabgeordnete für die SPD und »konzentrierte sich auf sozialpolitische Fragen. Daneben äußerte sie sich zu frauenpolitisch brisanten Themen wie der Reform des Ehescheidungsgesetzes oder des Paragrafen 218 StGB.«[10]

Marie Juchacz, ca. 1919

Bereits am 19. Februar 1919 hielt sie die erste Rede einer Deutschen Parlamentarierin und gehörte dem Ausschuss zur Vorbereitung des Entwurfes einer Verfassung des Deutschen Reiches an. Damit wurde sie zu einer der bedeutendsten Frauen der Geschichte. Sie setzte sich für die Gleichberechtigung der Frauen ein und wurde somit zur Leitfigur der Deutschen Frauenbewegung. Als die Nationalsozialisten an die Macht kamen, emigrierte sie erst nach Frankreich und mit einem Notvisum 1941 in die USA. Nach ihrem Exil kehrte sie 1949 in ihr Heimatland zurück.

Marie-Juchacz-Straße, 2009

Ihr zu Ehren verleiht die Arbeiterwohlfahrt ihre Höchste Auszeichnung: die Marie-Juchacz-Plakette. Bereits 1969 taucht ihr Portrait auf einer Briefmarke der Reihe »Frauenwahlrecht in Deutschland« auf, seit 2003 ziert sie die Ein-Euro-Briefmarke der Serie »Frauen der deutschen Geschichte«. Sie starb am 28. Januar 1956 in Düsseldorf.

Die Stadtverordnetenversammlung beschloss am 10. Juli 1991 die Erstbenennung der im Bogen auf den Marie-Bernays-Ring zulaufenden Straße mit Namen Marie-Juchacz-Straße.

Marienkirchstraße
Verlauf: von der Eickener Straße zur Alsstraße

Eickener Straße mit Blick auf die Kirche St. Mariä Rosenkranz, um 1910

Die Marienkirchstraße wurde am 25. September 1893 durch die Stadtverordnetenversammlung neu benannt. Sie trägt ihren Namen nach der in Eicken gelegenen Kirche St. Mariä Rosenkranz, deren Schutzpatronin die Heilige Mutter Gottes ist. Im Adressbuch Mönchengladbach ist die neu projektierte Straße bereits 1894 verzeichnet. Die Grundsteinlegung der Marienkirche erfolgte 1873 durch Oberpfarrer Karl Joseph Lelotte.

▸ Weiteres siehe *Liebfrauenstraße*

Marienplatz
Verlauf: der Marienplatz liegt zwischen der Stresemannstraße und der Odenkirchener Straße

Die Geschichte des Marienplatzes – im 17. Jahrhundert noch unter »Am Birnbaum« bekannt – begann mit Arnold Christoph aus der Linie Bylandt-Schwarzenberg, der 1701 nach jahrzehntelangen Rechtsstreitigkeiten mit der reformierten Linie Bylandt-Spaldorf das Rheydter Lehen an sich nahm und so den Weg für den Bau einer katholischen Kirche in der Unterherrschaft Rheydt ebnete.

Rheydt, Platz der SA, ca. 1938

Erst nach seinem Tod 1730 vollendete seine Frau Anna Maria Theresia Reichsfreiin von Ingelheim 1733/40 den Bau der Kirche. Später wurde das alte Fundament erweitert und durch den Umbau 1855 die neue katholische Pfarrkirche fertig gestellt. Immer mehr entwickelte sich die Umgebung zu einem Wohn- und Geschäftsviertel.

Durch den Stadtratsbeschluss erhielt der bis dahin namenlose Platz 1922 seine heutige Bezeichnung, der auf die anliegende katholische Marienkirche und ihre Schutzpatronin, die Muttergottes, verweist. 1938 trug er dann bis 1945 den Namen »Platz der SA« und wurde mit Bekanntmachung vom 5. April 1945 wieder in Marienplatz umbenannt.

Rheydt, Platz der SA, ca. 1938

▶ Weiteres siehe *Liebfrauenstraße*

Marienstraße
Verlauf: von der Eickener Straße bis zur Marienkirchstraße

Maria Luise, Prinzessin von Hohenzollern, Tochter des Fürsten Karl Anton von Hohenzollern-Sigmaringen
Die Marienstraße in Mönchengladbach trägt ihren Namen nach Maria Luise, Prinzessin von Hohenzollern, Tochter des Fürsten Karl Anton von Hohenzollern-Sigmaringen. Maria Luise wurde am 17. November 1845 in Sigmaringen geboren. Durch die Heirat mit Philippe von Belgien wurde sie Prinzessin von Belgien. Sie starb am 26. November 1912 in Brüssel. Die Erstbenennung der Marienstraße erfolgte durch die Stadtverordnetenversammlung der Stadt Mönchengladbach am 12. Juli 1875. Dort hieß die Straße noch »Mariastraße«, wurde allerdings wenige Tage später in der Volkszeitung vom 20. Juli 1875 als »Marienstraße« betitelt.

Marienstraße, 2010

Mathildenstraße
Verlauf: vom Ohlerkirchweg auf die Heinrich-Pesch-Straße und Hohlstraße zulaufend

Mathilde Louise Schmölder, Fabrikantengattin, 1841–1880
Mathilde Schmölder, geborene Schnitzler-Erckens, wurde am 19. Juli 1841 in Opladen geboren und war mit dem Rheydter Fabrikanten Carl Julius Schmölder (1838–1906) verheiratet.

Die Stadtverordnetenversammlung legte die Erstbenennung der vom Ohlerkirchweg zum Krankenhaus führenden Straße durch den Beschluss vom 6. November 1888 fest. Die Mathildenstraße in Rheydt wurde auf eigene Kosten von Carl Schmölder ausgelegt und wahrscheinlich nach seiner Gattin benannt. In den Protokollen der Stadtverordnetenversammlung ist der Namensursprung nicht verzeichnet. Die Fabrik Carl Schmölder & Co. A. G. Baumwollspinnerei u. Zwirnerei befand sich auf der Hohlstraße 64 (zeitweise durch Bebauungsänderungen mit der Hausnummer 78) und wurde 1882 in Andenken seiner verstorbenen Frau gegründet:

Mathilde Schmölder, geb. Schnitzler-Erckens, ca. 1875

»Rheydt, den 17 Juni 1882. Vereint im Geiste mit meiner am 25. Juli 1880 verstorbenen Gattin, Mathilde, geborene Schnitzler-Erckens aus Opladen gründe ich diese Baumwollspinnerei. Gott segne das Unternehmen zu Nutz und Frommen meiner sechs Kinder Carl, Emil, Helene, Johanne, Alfred und Mathilde. Gez. Carl Schmölder, Stadtverordneter und pr. Leutnant d. Cav. a. D.«[11] Im Jahr 1890 baute er seiner Familie eine Villa an der Mathildenstraße, die 1965 abgerissen wurde.

Mutter-Ey-Straße
Verlauf: von der Hompeschstraße zum Schillingstaler Weg

Johanna Ey, Kunsthändlerin, 1864–1947
Johanna Ey, besser bekannt unter dem Namen Mutter Ey, ist als Persönlichkeit fest mit der Stadt Düsseldorf verbunden. Im ersten Jahrzehnt des 20. Jahrhun-

derts schuf sie eher durch Zufall einen Künstlertreff in der Ratinger Straße 45 in Düsseldorf und beherbergte später am Hindenburgwall 11 in der Galerie »Neue Kunst. Frau Ey« einen Kunsthandel sowie die Redaktion der Künstlervereinigung »Das Junge Rheinland«.

Dass ihre Künstlerschützlinge sie tatsächlich Mutter Ey nannten, ist allerdings nicht belegt. In nur wenigen Briefen unterschrieb sie mit Mutter Ey. Das war aber schon in einer Zeit, in der ihre Existenz bedroht war und sie im Alter von 65 Jahren an die Stadt Düsseldorf schrieb. Sie konnte ihre Miete für die Galerie am Hindenburgwall 11, heute Heinrich-Heine-Allee, nicht mehr zahlen und besaß zudem noch Kreditschulden. Sie selbst hatte den jungen Künstlern zu oft Kredit gewährt und diesen selten zurückerhalten.

Johanna Ey, um 1940

Doch wer war diese Frau Ey? Johanna Ey, geborene Stocken, stammte gebürtig aus Wickrath und wurde am 4. März 1864 als Tochter eines Webers geboren, der dem Alkohol immer mehr verfallen war. Als eines von sechs Kindern war ihre Kindheit und Jugend von Armut geprägt. Bereits mit 14 nahm sie eine Dienstmädchenstelle bei einem benachbarten Bauern an und steuerte so mit ihrem Monatslohn von 3 Mark zum Lebensunterhalt der Familie bei. Mit 18 lernte sie den Braumeister Robert Ey kennen und bereits drei Jahre vor der Ehe kommt ihre erste Tochter zur

Mutter Ey Denkmal von Peter Rübsam auf der Quadtstraße

Welt, die bei Verwandten in Brüssel aufwächst. Johanna verlässt das Geburtshaus auf der Rheindahlener Straße 14 in Wickrath und zieht sogleich mit Robert Ey zusammen, um die Familie zu entlasten. Die Ehe wurde 1888 geschlossen und verlief alles andere als harmonisch, denn der Ehemann war ebenso wie ihr Vater Alkoholiker. Nach über zwanzig jähriger Ehe, aus der zwölf Kinder hervorgingen, von denen lediglich zwei Söhne und zwei Töchter überlebten, reichte Johanna Ey die Scheidung ein und stand nun vor der Herausforderung, sich selbst und ihre noch jungen Kinder zu ernähren. Anfangs arbeitete sie mit ihrer Tochter in einer Bäckerfiliale in Düsseldorf, bis sie selbst eine Filiale in der Ratinger Straße 45 erwarb. Als eines Morgens zwei junge Studenten der Kunstakademie hereinkamen und ihr Frühstück einkauften, bot sie den beiden Kaffee an und verlangte 10 Pfennige. Sie versprachen wiederzukommen und noch am selben Tag schauten andere junge Künstler bei ihr rein. Schnell sprach sich herum, dass man bei Frau Ey etwas auf Pump bekam, und nicht selten zahlten die mittellosen Künstler mit ihren Werken. Aber auch zahlungsfähigere Kundschaft vom Theater kam, und so gab es regelmäßig einen Mittagstisch mit Bratkartoffeln, Blut- oder Leberwurst für 50 Pfennige. Nicht selten wurde in der Küche aus einer Pfanne gegessen. Der Künstlertreff in Düsseldorf war geboren. Heinrich Böll nannte Johanna Ey später eine »Institution«. Sie wurde zur Anlaufstelle für die jungen Menschen, die mütterlichen Rat und Unterstützung bei Frau Ey suchten. Ihr Leben änderte sich radikal. Künstler wie Gert Wollheim oder Otto Pankok gingen bei ihr ein und aus und brachten weitere Künstler in die Ratinger Straße.

Der Erste Weltkrieg raubte ihr die Geschäftsgrundlage, da ihre Schützlinge, wie die meisten Jugendlichen der Zeit, begeistert in den Krieg zogen. Johanna Ey erinnerte sich daran, dass einer der Künstler mal scherzhaft zu ihr sagte, sie solle die Bilder verkaufen, wenn die Kundschaft schon nicht zahle. Während des Krieges arbeitete sie in einer Militärbekleidungstelle und ab 1917 besaß sie einen Laden am Hindenburgwall und verschrieb sich dem Kunsthandel. Sie verkaufte Bilder, die sie von Eduard von Gebhardt erhielt. 1920 besuchte Otto Pankok zusammen mit Gert Wollheim abermals Frau Ey. Neben den Künstlergruppen, die sich nach dem Krieg 1919/20 gründeten, wie der *Aktivistenbund 1919, Das Junge Rheinland, Der Immermannbund,* gründeten Pankok und Wollheim gemeinsam mit dem Schriftsteller Gerth Schreiner und dem Maler Hans Rilke die Künstlergruppe *Das Ey,* die drei Ausgaben des gleichnamigen Heftes herausgab. Johanna Ey war keine Kunsthändlerin im klassischen Sinne, die aktiv umherzog und neue Kunstströmungen der Zeit ausfindig machte. Sie bot den Künstlern Raum und verkaufte die Bilder, die man ihr schenkte oder trat als Zwischenhändlerin für heute namhafte Künstler auf. Durch Wollheim und Pankok lernte sie den Dadaisten und Expressionisten

Otto Dix kennen, für den sie ebenfalls Werke verkaufte und ihm so zu etwas Geld verhalf. Aus Berlin angereist, kam er einige Zeit bei Frau Ey unter. Später, in schlechteren Zeiten, verkaufte sie das Bild von Otto Dix »Meine Eltern« an das Wallraff-Richartz-Museum in Köln. Auch Zeichnungen von Max Ernst musste sie verkaufen. Der Expressionist widmete ihr das 1929 entstandene Gedicht »Großes Ey« (*grosses ey wir loben dich, ey wir preisen deine staerke, vor dir neigt das rheinland sich und kauft gern und billig deine werke*) und auch der spanische Maler und Dichter Jacobo Surenda, der ab 1926 einer ihrer engsten Freunde wurde, widmete ihr einen Gedichtband.[12]

Mutter-Ey-Straße, 2010

Dies alles endete in den dreißiger Jahren, als die Nationalsozialisten an die Macht gewählt wurden. Die meisten Künstler, die bei Frau Ey ein und aus gingen, wurden wegen ihrer »entarteten« Kunst oder ihres jüdischen Glaubens verfolgt und in Konzentrationslagern ermordet. Johanna Ey lebte seitdem zurückgezogen, bis sie ausgebombt wurde und nach Hamburg zu ihrer Tochter zog. Die Stadt Düsseldorf versuchte sie 1945 zurückzuholen, was ihr auch gelang. Mit 81 wollte sie wieder eine Galerie eröffnen. Der Versuch scheiterte, und sie starb am 27. August 1947. Ihr Ehrengrab liegt auf dem Düsseldorfer Nordfriedhof. Eine Mutter-Ey-Skulptur steht seit 1989 an der Quadtstraße in Wickrath.

Odiliengarten
Verlauf: Stichstraße von der Burgherrenstraße abgehend

Odilia, Burggräfin von Vlodorp-Hoemen, † 1558

Die Benennung von Straßen im Baugebiet Kamphausener Höhe gemäß Vorschlägen des Heimatvereins Odenkirchen nach Odenkirchener Burggrafengeschlechtern wurde in der Sitzung des Haupt- und Finanzausschusses [Rheydt] vom 5. Oktober 1954 verworfen, mit dem Hinweis auf postalische Schwierigkeiten wegen der Schreibweisen; dennoch wurden dieser und sechs andere Vorschläge in der nächsten Sitzung am 19. Oktober 1954 angenommen.

Grabplatte der Odilia von Hoemen, ca. 1587

Odieliengarten, 2009

Der Straßenname Odiliengarten erinnert an die Burggräfin Odilia von Vlodorp-Hoemen († 1558). Sie war die zweite Tochter Arnolds von Hoemen und heiratete Wilhelm III. von Vlodorp, der ab 1531 das Lehen vom Kölner Kurfürsten erhielt. In Odenkirchen förderte sie die Reformation und geriet aufgrund der Konfessionsfrage mit ihrem Lehensherren, dem Kölner Erzbischof in Streit. Ihr Sohn Florens Hattard war mit Anna Bylandt-Rheydt, einer Schwester Ottos Heinrich von Bylandt verheiratet.

Plektrudisstraße
Verlauf: von der Max-Reger-Straße nach Am Mühlentor, ehemals Marktstraße Rheindahlen

Plektrudis, Gattin des Pippin d. M., um 650–717

Plektrudis war eine fränkische Adlige, die um 650 geboren wurde und 717 starb (alternativ ist 725 genannt). Sie stammte aus vornehmster austrasischer Familie und war um 670 mit Pippin d. M. verheiratet. Es ist zu vermuten, dass sie höchstwahrscheinlich Tochter der Äbtissin Irmina von Oeren und des Seneschalls Hugobert war. Ihre Schwester Adela von Pfalzel war ebenfalls Äbtissin.

Nach 670 taucht sie als Mitausstellerin aller Urkunden des Hausmeiers auf. Nach dem Tod Pippins d. M. 714 versuchte sie die Rechte ihrer Enkel gegen den

Plektrudisstraße, 2009

Kopf der Plektrudis, Ausschnitt ihres Grabmals in St. Maria im Kapitol in Köln, ca. 1200

Stiefsohn Karl Martell zu verteidigen, den sie in Köln gefangen setzte. 716 von den Neustriern und den Friesen bedroht, musste sie all ihre Schätze aushändigen. Der aus der Gefangenschaft entkommene Karl konnte sie 717 zur förmlichen Anerkennung seiner Rechte zwingen. In dem von ihr gegründeten Damenstift St. Maria im Kapitol zu Köln fand sie ihr Grab. Ihre Gebeine galten allerdings bereits wenige Jahrhunderte nach ihrem Tod als verschollen.

Am 30. Dezember 1929 wurde die Marktstraße in Görresstraße umbenannt. Den Namen trug sie nur für kurze Zeit, denn bereits am 23. Januar 1930 erhielt sie ihren heutigen Namen.

Ruth-Foster-Drive
Verlauf: von der Hospitalstraße zum Krankenhaus bzw. Ringstraße
Whittingham Crescent/Kilpatrik Crescent

Ruth Foster, Gemahlin des Air Chief Marshal Sir Robert Mordaunt Foster
Der Ruth-Foster-Drive wurde vermutlich nach der Gemahlin des Air Chief Marshal Sir Robert Mordaunt Foster (1898–1973) benannt. Foster war im Mönchengladbacher Joined Headquarters (JHQ) seit 1954 tätig. Das Joined Headquarters in Rheindahlen existierte seit 1954. 2004 veranlasste die britische Regierung die Auflösung des JHQ.

Das Royal Air Force Hospital Wegberg im ehemaligen Joined Headquarters (JHQ), ca. 1960

Selma-Horn-Weg
Verlauf: Verlängerung der Grünstraße bis zur Kölner Straße

Selma Horn, Fabrikantengattin, 1876–1943
Selma Horn wurde als jüngste Tochter des Textilfabrikanten Josef Horn und dessen Ehefrau Amalie Schmidt in Odenkirchen geboren. Der Vater gründete 1832 mit seinem Geschäftspartner die Textilfabrik Horn und Oberländer. Seit 1887 führte Josef Horn den Betrieb alleine. Aus dem privaten Leben der Selma Horn ist wenig bekannt. Am 22. September 1902 heiratete sie Felix Horn (eine Verwandtschaft bestand nicht), der kurz zuvor die Firma »Josef Horn« als Inhaber übernom-

Briefbogen Josef Horn, Mechanische Weberei in Halbwollenen und baumwollenen Waaren, 1890

men hatte. 1904 wurde die gemeinsame Tochter Liselotte geboren. Nach dem Tod des Vaters trug die Firma den Namen »Textilwerke Felix Horn«. Durch die politischen Veränderungen während des Nationalsozialismus wurde es notwendig, sich aus der Geschäftsführung zurückzuziehen und die Firma in gute Hände zu geben. Die Firma wurde dem katholischen Schwiegersohn Otto Paganetti überschrieben und 1937 Wilhelm Coenen, langjähriger Prokurist der Firma, als Teilhaber aufgenommen. So wurde die »Arisierung« glaubhaft gemacht. Wie so viele deutsche Juden der damaligen Zeit, sah die Familie Horn keinen Grund für eine schnelle Flucht aus Deutschland, war sie doch in einer hohen Gesellschaftsschicht integriert und zählte wichtige Fabrikanten und andere Geschäftsleute zu ihrem engsten Bekanntenkreis in Odenkirchen.

Am 24. Juli 1942 wurden Selma und Felix Horn abgeholt und am 25. Juli gemeinsam mit 120 weiteren Menschen aus dem Raum Mönchengladbach über Düsseldorf nach Theresienstadt deportiert. Bis zu ihrem Tod kamen bei Freunden und Nachbarn nur wenige (zensierte) Karten und Briefe an. Am 7. Oktober 1943 starb Selma Horn in Theresienstadt.

Die Bezirksvertretung Odenkirchen beschloss die Benennung einer Straße nach der Bürgerin Selma Horn, um mit ihr stellvertretend ehemaligen jüdischen Mitbürgerinnen aus Odenkirchen zu gedenken, die während des Nationalsozialismus verfolgt und ermordet wurden.[13] Die Benennung erfolgte am 5. April 2006.

Sibilla-Deußen-Straße
Verlauf: von der Graf-Haeseler-Straße zur Hackesstraße

Sibilla Deußen, Hebamme, 1889–1977
Sibilla Deußen wurde am 6. November 1889 in Neuwerk als Sibilla Prinzen geboren und gründete in Bettrath eine private Entbindungsklinik. Sie starb am 27. Oktober 1977 in ihrer Heimatstadt. Am 26. Oktober 1989 beschloss die Bezirksvertretung Neuwerk die Erstbenennung der projektierten Straße zwischen Graf-Haeseler-Straße und Hackesstraße.

Sibilla-Deußen-Straße, 2010

Sibilla Deußen (Bildmitte)

Sophienstraße
Verlauf: von der Lüpertzender Straße zur Pescher Straße

Die Stadtverordnetenversammlung beschloss am 12. Juli 1875 die Benennung der Straße zwischen Lüpertzender und Pescher Straße in Sophienstraße. Ob diese Straße nach Sophie Steinraths (*1859), Ehefrau des Fabrikanten Johann Steinraths, benannt wurde, wird aus den Unterlagen nicht ersichtlich. Allerdings könnte die Existenz einer ehemaligen Sophienstraße in Rheydt (heute Diltheystraße), die nachweislich nach Sophie Steinraths benannt wurde, auf die gleiche Namensgeberin hindeuten.

Sophienstraße, 2009

▸ Weiteres siehe *ehem. Sophienstraße (Dittheystraße)*

Ursulinengasse
Verlauf: von der Marie-Juchacz-Straße zum Klosterhofweg

Ursula, Heilige
Das Ursulinenkloster in Köln besaß den Klosterhof im Ortsteil Odenkirchen-Güdderath. 1910 trug die heutige Ursulinengasse den Namen Brunnengasse. In der Sitzung des Hauptausschusses vom 14. Dezember 1948 beschloss man eine Umbennenung, um die unübersichtliche Bezeichnung und Nummerierung des Ortsteiles Güdderath besser zu gestalten. Am 7. März 1949 erhielten anliegende Hausgrundstücke in Folge der Umbenennung die Bezeichnung Ursulinengasse.

Die Hl. Ursula

Ursulinengasse, 2009

Der Legende nach war Ursula die Tochter eines britischen Königs. Als sie dem englischen Königssohn zur Gemahlin versprochen wurde, bat sie um einen dreijährigen Aufschub, da eine Verweigerung der Hochzeit einen kriegerischen Konflikt ausgelöst hätte. In dieser Zeit solle der heidnische Königssohn sich bereitwillig zum Christentum bekennen. Weiter heißt es, dass sie sich anschließend mit 11.000 Jungfrauen auf Meeresfahrt begab und ihr das Martyrium vorausgesagt wurde. Nach langer Seefahrt erreichten die Frauen Köln und Basel, pilgerten von dort aus weiter nach Rom. Wieder in Köln angelangt, erlitt Ursula mit ihren 11.000 Jungfrauen sowie dem Papst Cyriakus den Märtyrertod. Quelle der Legende ist die Clematinische Lapidarinschrift aus dem 4./5. Jahrhundert in der St. Ursulakirche zu Köln, die von einem Martyrium von Jungfrauen ohne nähere Angaben berichtet. Anderen Quellen zufolge sollen es lediglich 11 oder 12 Jungfrauen gewesen sein, durch einen Lese- und Überlieferungsfehler wurden aus ihnen allerdings 11.000. Diese Variante der Legende ging auch in die *Legenda aurea* ein.

Erst seit dem 9. Jahrhundert sind kirchliche Verehrungen der Jungfrauen belegt, seit dem 10. Jahrhundert erst die der Märtyrerin Ursula als Anführerin der Jungfrauenschar. Jungfrauenscharen, die ein Martyrium erleiden, waren im 12. und 13. Jahrhundert beliebte Motive der höfischen Literatur des Mittelalters wie u. a. in Wolframs von Eschenbach *Parzival*. Ursula gilt als Schutzpatronin der Stadt Köln, der Universitäten Wien, Paris und Coimbia. Ebenfalls gilt sie als Patronin der Jugend sowie der Lehrerinnen. Ikonografische Darstellungen der Legendengeschichte, die sogenannten Ursulazyklen, sind in Deutschland sowie anderenorts zu finden. Ihre Attribute sind u. a. das Schiffchen sowie die Kreuzfahne.

Viktoriastraße
Verlauf: von der Fliethstraße zur Rheydter Straße

Die heutige Viktoriastraße in Mönchengladbach ist bereits 1865 noch unter dem Namen Brunnenstraße im Adressbuch Mönchengladbach verzeichnet. Am 22. Februar 1911 beschloss die Stadtverordnetenversammlung die Umbenennung der Brunnenstraße bis zur Unterführung in Viktoriastraße. Die Namensgebung soll in Erinnerung an Augusta

Victoriastraße in Mönchengladbach, 1906

Viktoria, Deutsche Kaiserin, Königin von Preußen (1858–1921), Gattin Kaiser Wilhelm II., erfolgt sein. Es ist allerdings eher zu vermuten, dass die Benennung in Erinnerung an den Deutsch-Französischen Krieg und den Sieg von 1870/71 erfolgte. 1961 vermerkt die Schrift über die Sitzung des Bauausschusses vom 26. Mai 1961, dass der Bund der Berliner und der Freunde Berlins e. V. wiederholt einen Antrag stellte, einen Platz in Mönchengladbach in »Berliner Platz« zu benennen. Anlass waren die Feierlichkeiten zur geplanten »Berliner Woche« in der Zeit vom 10. bis zum 18. Juni 1961, die das Kuratorium »Unteilbares Deutschland« organisierte.

Somit wurde der Teil der Viktoriastraße, der von der Lüpertzender bis zur Fliethstraße verläuft, in den »Berliner Platz« einbezogen.

Kaiserin Victoria als Witwe, von Bertha Müller nach Heinrich v. Angeli um 1900

Wüllenweberstraße
Verlauf: von der Abtshofer Straße zur L 390

Therese von Wüllenweber, Ordensschwester und Stifterin, 1833–1907

Als im Jahre 1875 das alte Kloster Neuwerk zur Vermietung angeboten wurde, unterschrieb eine Ordensschwester 1876 den Mietvertrag, um dort ein Waisenhaus zu gründen und sich gemeinsam mit anderen Schwestern der Erziehung der Kinder zu widmen. Einige Jahre später gelang es dieser Ordensschwester, das Kloster zu erwerben.

Therese von Wüllenweber wurde am 13. Februar 1833 als Tochter des Freiherrs Theodor von Wüllenweber (1806–1894) geboren. Der Grundbesitzerfamilie gehörte das Schloss Myllendonk samt Anwesen. Bis zu ihrem 15. Lebensjahr wuchs Therese wohlbehütet und privilegiert im Schloss auf. Anschließend erfuhr sie eine weitere Bildung und Erziehung durch ein Benediktinerinnen-Kloster in Belgien. Nach ihrer Rückkehr trat sie 1857 in das niederländische Sacré-Cœur-Kloster Blumenthal ein. Zwei weiteren Klöstern sollte sie innerhalb kürzester Zeit beitreten und diese wieder verlassen. Ihr Lebensweg blieb von Rückschlägen nicht verschont: da sie den pädagogischen Anforderungen der Kongregation nicht entsprach bzw. vielmehr nicht konform ging, trat sie 1863 aus dem Kloster aus. Der Erwerb des Klosters Neuwerk brachte sie ihrem Ziel näher, eine Schwesterngemeinschaft zu gründen. Bereits 1876 hatte der Neuwerker Pfarrer Ludwig von Essen ein Regelwerk für eine Schwesterngemeinschaft in Neuwerk verfasst. Das Kloster schloss sich der Genossenschaft des Ordens des Hl. Franziskus an, bis Therese von Wüllenweber 1882 Johann Baptist Jordan (1848–1918) das Kloster anbot. Dieser hatte in Rom eine Apostolische Lehrgesellschaft gegründet. Wüllenweber trat dieser neuen Genossenschaft als erste Frau bei und legte das Ordensgelübde für ein Jahr ab. Bereits ein Jahr später ernannte sie die Gemeinschaft zu ihrer Universalerbin. Nach dem ewigen Gelübde trug sie den Namen Schwester Maria Theresia von den Aposteln.

1884 reiste sie nach Rom, um die Schwesterngruppe um Franziska Streitel (1844–1911) zu besuchen und dort aufgenommen zu werden. Dies gelang ihr nicht. Pater Jordan gründete erneut eine Schwesterngruppe, der sie dann beitrat. Mit 55 Jahren wurde sie zur Oberin und Novizenmeisterin berufen, und legte am 25. März 1885 ein weiteres Mal das ewige Gelübde ab. Die Gemeinschaft wuchs so schnell, dass bereits 1890 die ersten drei Schwestern nach Indien ausgesandt werden konnten. 1903 wurde ihr der Rest ihres Erbes ausgezahlt, so dass sie in Rom ein Haus kaufte, welches sie zum Generalssitz der Genossenschaft machte, die 1893 den Namen Gesellschaft des göttlichen Heilandes bzw. Salvatorianerinnen annahm. Im Dezember 1907 erkrankte Maria Theresia an einer Hirnhautentzündung und starb am 25. desselben Monats. Sie wurde auf dem Friedhof Campo Santo in Rom beigesetzt. 1952 wurden ihre sterblichen Überreste in die Konventskapelle der Salvatorianerinnen umgebettet. Maria Theresia von den Aposteln wurde 1968 von Papst Paul VI. selig gesprochen.

Therese von Wüllenweber, 1868

Therese von Wüllenweber,
ca. 1900

Wüllenweberstraße, 2010

Für den Straßenverlauf von der Abtshofer Straße bis zur L 390 war in der ersten Planung die Straßenbezeichnung Drouwenstraße vorgesehen. Agnes Drouwe (1463–1497) war ebenfalls Äbtissin des Klosters zu Neuwerk. Gewählt wurde vom Stadtrat am 3. März 1976 jedoch der Name »Wüllenweberstraße«.

Ehemals nach Frauen benannte Straßen oder nicht realisierte Benennungen

Agrisweg
Als Straßenprojekt nie verwirklicht

Francisca Walburga von Agris, Äbtissin, um 1712–1786
Francisca von Agris wurde um 1712 geboren und stammte vom Agrishof bei Bracht, auch Hof zu Velden genannt. In einem Bericht der Äbtissin von Oyen aus dem Jahre 1752, gab diese eine kurze Charakteristik jeder einzelnen Mitschwester, darunter auch Francisca von Agris:

> »*Das Fr. von Agris, 40 Jahre alt, sei wegen ihres geistlichen Wandels, gesunder Vernunft, guter Observanz, fleißigem Chorgang, worin sie trotz dürftigen Körperzustandes allen mit gutem Beispiel vorangehe, zu rühmen. Sie neige dazu, ständig den zeitlichen und geistigen Fortschritt zu fördern. Deshalb müsse diese von einigen ihrer Mitschwestern viele Schikanen erdulden.*«[14]

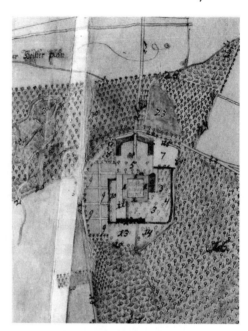

Karte aus dem sogenannten Klosteratlas mit der Einzeichnung von Kloster Neuwerk, ca. 1750

1779 wurde sie Äbtissin des adligen Benediktinerinnen-Klosters zu Neuwerk, welches seit 1135 bis 1802 in Mönchengladbach existierte, und blieb es bis an ihr Lebensende im Jahre 1786. Nähere Lebensdaten sind allerdings nicht bekannt.

Die Namensgebung »Agrisweg«, wurde am 10. November 1966 im Rat der Stadt Mönchengladbach beschlossen, als Straßenprojekt allerdings nie verwirklicht. Für zukünftige Projekte könnte der Name in Betracht gezogen werden.

Augustastraße
Heute: Bozener Straße
Verlauf: von der Hindenburgstraße zur Badenstraße

Augusta, Königin von Preußen und Frau des deutschen Kaisers, 1811–1890
Königin Augusta von Preußen, Tochter des Großherzogs Karl Friedrich von Sachsen-Weimar und der Großfürstin Maria Paulowna, wurde am 30. September 1811 geboren. 1829 heiratete sie den preußischen König und späteren Deutschen Kaiser Wilhelm I. Die Ehe brachte zwei Kinder hervor: den späteren Kaiser Friedrich III. und Luise Großherzogin von Baden.

Augusta Königin von Preußen, Minna Pfüller nach Franz Xaver Winterhalter um 1861

Aufgewachsen in der Weimarer Goethezeit, verinnerlichte Augusta die Traditionen der Epoche und übte mit ihrer liberalen Gesinnung einen starken Einfluss auf ihren Mann aus. Nicht nur ihre innige Freundschaft zur englischen Königin Victoria I. und der daraus resultierenden freundlichen Einstellung gegenüber England machten sie zur politischen Feindin Otto von Bismarcks, sondern eben auch jener Liberalismus. Diese Feindschaft ging sogar so weit, dass sie 1862 versuchte, die Ministerpräsidentschaft Bismarcks zu verhindern, dem es in der Folge hingegen recht schnell gelang, Augusta politisch auszuschalten. So wendete sie sich verstärkt wohltätigen Organisationen und Einrichtungen zu und setzte sich für die Genfer Konvention ein. Sie verstarb am 7. Januar 1890.

Die Erstbenennung der Augustastraße in Mönchengladbach erfolgte am 14. Mai 1879 durch die Stadtverordnetenversammlung. Am 30. Dezember 1929 erfolgte der Ratsbeschluss zur Umbenennung in Bozener Straße. Diese trat am 23. Januar 1930 offiziell in Kraft.

Augustastraße
Heute: Schwogenstraße
Verlauf: von der Eickener Straße zur Bozener Straße

Die heutige Schwogenstraße in Mönchengladbach, die zwischen Eickener und Bozener Straße verläuft, ist im Adressbuch von 1883 erstmals als Augustastraße vermerkt und galt als Erweiterungsstück der seit 1879 existieren Augustastraße (heute Bozener Straße). Die Stadtverordnetenversammlung beschloss am 25. September 1893 die Umbenennung.

▸ Weiteres siehe *Augustastraße (Bozener Straße)*

Augustastraße
Heute: Brucknerallee
Verlauf: von der Hauptstraße zur Richard-Wagner-Straße

In Rheydt durchlief die ehem. Augustastraße zahlreiche Umbenennungen. 1876 wurde der Kampers Pfad auf Ersuchen der Anwohner nach der damaligen Königin Augusta benannt. Die Straße wurde in den letzten Jahrzehnten des 19. Jahrhunderts im Boulevardstil ausgebaut und mit Kastanien und Ulmen bepflanzt. Zur Erinnerung an die Reichsgründung 1871 wurde am 18. Januar 1896 dem Rheydter Ehrenbürger Fürst von Bismarck an der Kreuzung Augustastraße/Nordstraße ein Monument in Gestalt eines Obelisken mit dem Bronzebild des Fürsten gewidmet. An dieser Stelle wurde 1928 der nach dem Rheydter Stadtbaumeister Walter Fischer benannte »Fischerturm« errichtet. »Besonders der in Richtung Gladbach gelegene nördliche Teil der Augustastraße (seit 1917 Hindenburgwall) galt damals als die schönste Straße in Rheydt.«[15]

Rheydt, Bismarckdenkmal, Nordstraße Kreuzung Augustastraße, ca. 1911

Augustastraße in Rheydt, 1906

Augustastraße in Rheydt, mit Blick auf das Rathaus, ca. 1910

Wurde der nördliche Teil der Augustastraße 1917 in Hindenburgwall umbenannt, so verfügten die Nationalsozialisten 1933 durch das Polizei-Präsidium eine Umbenennung auch des südlichen Teils der Augustastraße in Hindenburgwall. Am 22. März 1949 beschloss der Rat der Stadt Rheydt die Umbenennung in »Brucknerallee«.

Augustastraße
Heute: Wilhelm-Niessen-Straße
Verlauf: von der von-der-Helm-Straße zur Schmidt-Bleibtreu-Straße

Aus dem Adressbuch Mönchengladbach und Umgebung geht für Odenkirchen bereits im Jahre 1905 die Namensgebung Augustastraße für die heutige Wilhelm-Niessen-Straße hervor. Am 23. Januar 1930 trat die Umbenennung vom 30. Dezember 1929 in Danziger Straße in Kraft bis am 25. September 1974 eine weitere Umbe-

Augustastraße in Odenkirchen, ca. 1910

nennung in Wilhelm-Niessen-Straße erfolgte. Wilhelm Niessen, geboren 1869 in Danzig, gestorben am 4. August 1945, war bis 1922 Inhaber einer Drogerie und soll der Gründer des nicht mehr bestehenden Heimatmuseums in Mönchengladbach-Odenkirchen sein.

▶ Weiteres siehe *Augustastraße (Bozener Straße)*

Charlottenstraße
Heute: Oskar-Graemer-Straße
Verlauf: von der Nordstraße zur Werner-Gilles-Straße

Die 1906 neu ausgelegte Straße wurde laut Protokoll der Stadtverordnetenversammlung Rheydt am 26. November 1907 auf Antrag und Kosten der Familie Kommerzienrat Emil Schött ausgebaut und in Charlottenstraße benannt. Emil Schött war im Vorstand der Firma Herm. Schött AG, Chromolithographische Druckerei und Prägerei auf der Wilhelmstraße 87. Am 23. Januar 1930 erfolgte die Umbenen-

Charlottenstraße in Rheydt um 1925

nung in Oskar-Graemer-Straße, nach dem letzten, vor der ersten Stadtzusammenlegung von 1920 bis 1929 amtierenden Oberbürgermeister Rheydts.

▶ Weiteres siehe *heutige Charlottenstraße*

Helenenstraße
Heute: Zingsheimer Straße
Verlauf: von Maria-Kasper-Straße zum Stapper Weg

Die heutige Zingsheimerstraße in Rheydt trug bei ihrer Erstbenennung laut Stadtverordnetenversammlung vom 15. Dezember 1896 den Namen Heydener Heck. Vor dem 30. Dezember 1912 hieß sie Helenenstraße, bis 1930 die Umbenennung in Zingsheimer Straße erfolgte. Ob die ehemalige Helenenstraße auf die Schutzpatronin zurückzuführen ist oder auf eine andere Persönlichkeit hindeutet, ist unbekannt.

▶ Weiteres siehe *Helenastraße*

Konkordiastraße
Heute: Blücherstraße
Verlauf: von der Hohenzollernstraße zur Kleiststraße

Concordia, Römische Göttin der Eintracht
Seit Mitte des 19. Jahrhunderts entwickelte sich ein blühendes Vereinswesen in Mönchengladbach. Neben Kriegervereinigungen entstanden auch kulturell orientierte Vereine wie der 1852 gegründete städtische Männergesangsverein oder auf sportlicher Ebene der Rheydter Turnverein von 1847. Aus den Turnvereinen gingen ab Mitte des 19. Jahrhunderts die freiwilligen Feuerwehren hervor. Das rheinische Schützenwesen, welches auf die alten Traditionen der kirchlichen Bruderschaften zurückzuführen ist, bildete sich in jenem Jahrhundert ebenfalls verstärkt heraus. Mythologisch betrachtet ist Concordia die Göttin der Eintracht, so dass diese Zusatzbezeichnung im Vereinswesen von großer Beliebtheit war.

Nach römischer Mythologie ist Concordia die Göttin der Eintracht und personifiziert eine der vielen Tugendbegriffe der alten Römer. Ihr Pendant in der grie-

Genossenschaftlerinnen der »Eintracht«
auf einer Ausflugsveranstaltung beim Tauziehen, ca. 1931

chischen Mythologie ist die Göttin Harmonia. Concordia erhielt die Eintracht und Einheit der Bürger Roms. Ihre Attribute sind das Füllhorn, die Opferschale sowie ineinander geschlungene Hände. Die Römer weihten ihr einen prachtvollen Tempel im Nordwesten des Forum Romanums in Rom. Am 16. Januar gedachte man ihr mit einem Fest und der Einweihung des Tempels, der anlässlich der Versöhnung zwischen Plebejern und Patriziern nach dem Ende der Ständekämpfe im Jahre 367 v. Chr. errichtet worden war.

Die heutige Blücherstraße erfuhr im Laufe der Zeit einige Umbenennungen. Bevor sie am 23. Januar 1930 den Namen Konkordiastraße erhielt, hieß sie Karlstraße und wurde bereits drei Jahre später, am 15. Dezember 1933, in Blücherstraße umbenannt.

Lady-Ada-Lovelace-Straße
Heute: Am Borussiapark
Verlauf: von der Gladbacher Straße abgehende Erschließungsstraße

Lady Ada Lovelace, Mathematikerin, 1815–1852
Die britische Mathematikerin wurde am 10. Dezember 1815 in London als einziges eheliches Kind des berühmten Dichters und Romantikers Lord Byron geboren. Lord Byron hatte insgesamt drei Kinder von drei verschiedenen Frauen. Augusta Ada Byron lernte ihren Vater allerdings nie kennen, da Lord Byron seine Frau verstieß, als Ada erst wenige Monate alt war.

Ihre Mutter Anne Isabella Milbank, ebenfalls mathematisch interessiert, ermöglichte ihrer Tochter eine naturwissenschaftliche Ausbildung. Später lernte Ada die Mathematiker Mary Sommerville und Charles Babbage kennen, deren Mitarbeiterin sie wurde. Weiter verband sie eine enge Freundschaft zu ihrer Zeitgenossin und Schriftstellerin Mary Shelley, deren berühmtestes Werk Frankenstein während eines gemeinsamen Sommers mit ihrem Ehemann Percy Bysshe Shelley und Lord Byron entstand.

Ada heiratete mit 19 Jahren William Lord King, Earl of Lovelace und gebar ihm in sehr kurzen Abständen drei Kinder. Nun an die Pflichten einer Mutter gebunden, vertraute sie Mary Sommerville in einem Brief an, dass sie unglücklich in ihrer Ehe sei, da ihr keine Zeit mehr für das wissenschaftliche Studium der Mathematik und ihrer Leidenschaft, der Musik, bliebe.

Um den Schmerz über den Verzicht ihrer Leidenschaft zu übertünchen, stürzte sie sich ins britische Gesellschaftsleben, pflegte mehrere Affären und setzte mit Freuden auf den Ausgang von Pferderennen. Als sie durch ihre Krebserkrankung

Am Borussiapark, ehem. Lady-Ada-Lovelace-Straße, 2009

schon in jungen Jahren ans Bett gefesselt wurde, soll sie sich mit der Entwicklung eines mathematisch sicheren Wettsystems befasst haben.

Die durch den italienischen Mathematiker Luigi Menabrea auf Französisch angefertigte Beschreibung von Charles Babbages Analytical Engine übersetzte Ada Lovelace ins Englische und ergänzte eigene Überlegungen und Notizen zur Rechenmaschine. Da das britische Parlament jegliche Finanzierung versagte, war es Charles Babbage zu seinen Lebzeiten nicht möglich, diese Maschine zu bauen.

Dies hielt die junge Wissenschaftlerin allerdings nicht davon ab, ein Skript vorzulegen, welches beschrieb, wie man mit Hilfe der Babbage-Rechenmaschine Bernoulli-Zahlen berechnen könne. Somit erfand sie das Zählregister für iterative Abläufe und konzipierte ein binär-arithmetisches Rechenverfahren, das heute die Basis für die moderne Rechnersteuerung ist.

Sie gilt damit als Ahnfrau der Informatik und erste Programmiererin, sogar als erster Programmierer in der Welt überhaupt. Die amerikanische Programmiersprache ADA ist nach ihr benannt, da auf sie wichtige Prinzipien der Programmierung zurückgehen.

Im Alter von nur 36 Jahren starb Lady Augusta Ada King Byron Countess of Lovelace am 27. November 1852 in London an Krebs.

Seit dem 13. Dezember 2000 führte die Lady-Ada-Lovelace-Straße zum Stadion. Um dem Thema »Fußball« gerecht zu werden, wurde die Straße am 21. Juli 2004 umbenannt und heißt seitdem »Am Borussiapark«.

Luisenstraße
Heute: Wilhelm-Strauß-Straße
Verlauf: von der Limitenstraße zur Bylandtstraße

Die heutige Wilhelm-Strauß-Straße in Rheydt erhielt nach dem Bau 1896 den Namen Louisenstraße (Luisenstraße) nach der Königin Luise von Preußen. Seit dem 23. Januar 1930 trägt sie den Namen Wilhelm-Strauß-Straße.

▶ Weiteres siehe heutige *Luisenstraße*

Luisenstraße
Heute: Werner-Gilles-Straße
Verlauf: von Wilhelm-Strater-Straße zur Brucknerallee

Die heutige Werner-Gilles-Straße durchlief drei Umbenennungen. Laut Adressbuch Mönchengladbach von 1929 hieß die Verbindungsstraße von der Augustastraße zur Wilhelmstraße vor 1883 Kamperspfad, wurde allerdings 1883 durch den

Luisenstraße, heutige Werner-Gilles-Straße, um 1935

Ratsbeschluss in Luisenstraße umbenannt. Auf Ersuchen des Rheydter Stadtverordneten Robert Peltzer wurde sie »gegen Abtretung eines Stückes Gelände in der Mühlenstraße zur Erbreiterung derselben« 1893 zu Ehren des Vaters Wilhelm Peltzer (1785–1851) in Peltzerstraße umbenannt. Seit dem 25. September 1974 trägt die ehemalige Luisenstraße den Namen Werner-Gilles-Straße.

▶ Weiteres siehe heutige *Luisenstraße*

Margarethenstraße
Heute: Trierer Straße
Verlauf: von der Bachstraße zur Fuchsstraße

Margarethe Giesen, Textilfabrikantin
1904 ließ Peter Adam Giesen die Straße nach Margarethe Giesen, geborene Lennartz, benennen. Die Straße führte durch das Gelände der Weberei Giesen P. A. Söhne, Inh. Eduart Giesen sen., Eduart Giesen jun. und Hermann Giesen, mechanische Weberei in halb- und baumwoll. Waren, in der Bachstraße 196. Mit

Triererstraße, 2009

Bekanntmachung vom 23. Januar 1930 wurde die Margarethenstraße in Trierer Straße umbenannt.

Marienweg
Heute: Maria-Kasper-Straße
Verlauf: vom Gotzenweg über die Odenkirchener Straße zum Kreuzweg

Die heutige Maria-Kasper-Straße ist im Stadtplan Rheydt von 1894/95 als Marienweg verzeichnet.

▶ Weiteres siehe *Maria-Kasper-Straße*

Rolshausenweg
Als Straßenprojekt nie verwirklicht

Margaretha Barbara von Rolshausen, Äbtissin, † 1721
Margaretha Barbara von Rolshausen war von 1714 bis zu ihrem Tod am 1. Oktober 1721 Äbtissin des adeligen Benediktinerinnen-Klosters zu Neuwerk. »Die Benennung der nachstehenden Straßen ist erforderlich, weil an ihnen Wohnhäuser errichtet sind bzw. werden.«[17] Der Name Margaretha Barbara von Rolshausen wurde unter anderen für die projektierten Straßen vorgeschlagen, fand aber weiterhin keinerlei Erwähnung.

Sophienstraße
Heute: Diltheystraße
Verlauf: von der Eisenbahnstraße zur Schmölderstraße

Sophie Steinraths, Fabrikantengattin, *1859
Die heutige Diltheystraße in Rheydt hieß von 1909 bis 1930 Sophienstraße und trug den Namen der Ehefrau Johann Steinraths. Sophie Steinraths, geborene Momma, wurde 1859 in Wegberg als Bäckerstochter geboren. Johann Steinraths war Textilfabrikant und besaß die »Joh. Steinraths, mech. Seidenweberei in Schirm- und Konfektionsstoffen«.

Auf der damaligen Sophienstraße befand sich das Heim für die weiblichen Lehrlinge. Im Rahmen der Zusammenlegung der Städte Rheydt und Mönchen-

Briefkopf Seidenweberei Johann Steinraths, Rheydt, ca. 1930

gladbach wurden Straßen gleichen Namens umbenannt, um Verwechselungen zu vermeiden.

Viktoriastraße
Heute: Berliner Platz
Verlauf: zwischen der Lüpertzender und Fliethstraße

▶ Weiteres siehe *heutige Viktoriastraße*

Kaiserbad, ca. 1915

Viktoriastraße
Heute: Hoemenstraße
Verlauf: von der Karlstraße zur Kölner Straße

Die heutige Hoemenstraße in Odenkirchen durchlief ebenfalls einige Umbenennungen. Die früheste Erwähnung für die Benennung Viktoriastraße ist im Rahmen einer Straßenbenennungsaktion im Stadtverordnetenprotokoll Odenkirchen vom 26. Oktober 1900 verzeichnet. Allerdings belegt das Adressbuch Odenkirchen erst 1926 den Straßennamen Viktoriastraße. Dort steht er noch neben der alten Bezeichnung Hermannstraße, die in den Adressbüchern von 1911 und 1913 wiederzufinden ist. Erst seit der Bekanntmachung vom 23. Januar 1930 trägt die Straße ihren heutigen Namen nach dem Geschlecht Hoemen, Burggrafen zu Odenkirchen (1392–1502).

Obwohl der Name der ehemaligen Viktoriastraße in Odenkirchen vermuten lässt, dass er – wie es für die heutige Straße in Mönchengladbach der Fall ist – nach Augusta Viktoria, Deutsche Kaiserin, Königin von Preußen (1858–1921) benannt wurde, ist für Odenkirchen nicht auszuschließen, dass auch hier der Name auf den Sieg von 1871 nach dem deutsch-französischen Krieg zurückzuführen ist.

▶ Weiteres siehe *heutige Viktoriastraße*

Hermannstraße in Odenkirchen, ca. 1910

Viktoriastraße
Heute: Hugo-Preuß-Straße
Verlauf: von der Friedrich-Ebert-Straße zur Limitenstraße

Seit 1872 trug die heutige Hugo-Preuß-Straße den Namen Viktoriastraße. Auf Antrag der Anwohner an den Stadtrat Rheydt sollte durch die Benennung *Victoria* (lat. Sieg), laut Adressbuch von 1929, an die glorreiche Zeit des deutsch-französischen Krieges und dessen Siege von 1870/71 erinnert werden. Im Stadtplan Rheydt von 1894/95 ist sie noch mit alter Schreibweise verzeichnet, später wird die Schreibweise Viktoriastraße geläufig. Mit der Bekanntmachung vom 23. Januar 1930 erfolgte dann die Umbenennung in Hugo-Preuß-Straße. Zu Beginn des Nationalsozialismus wurde die Straße am 1. April 1933 zur Litzmann-Straße bis sie 1945 wieder ihren alten Namen Hugo-Preuß-Straße zurückerhielt.

Viktoriastraße in Rheydt, mit Blick auf das Postamt, ca. 1910

Anmerkungen

1 Mönchengladbacher Köpfe, Bd. 2, S. 235 f.
2 Mönchengladbacher Köpfe, Bd. 2, S. 236.
3 WZ vom 24.3.1995; RP vom 15.7.1996.
4 Mackes, Neuwerk, Bd. 1, S. 152.
5 Verhörprotokolle Februar 1943, Bundesarchiv Berlin ZC 13267, Bd. 3.
6 Grimm, Jakob, und Wilhelm Grimm, Deutsches Wörterbuch, Bd. 10, und Arbeitsstelle des Deutschen Wörterbuches Berlin/Deutsche Akademie der Wissenschaften Berlin, Ost, Nachdr. München 1984, Sp. 1270.
7 Lexer, Matthias von, Mittelhochdeutsches Taschenwörterbuch. Mit d. Nachtr. von Ulrich Pretzel, 39. Aufl. Stuttgart 2008, Sp. 1195.
8 Gathen, Antonius, Louise Gueury, S. 18.
9 http://www.awo.org/awo-deutschland/geschichte/portraet-marie-juchacz.html (21.7.2009).
10 Ebd.
11 Woschnik, Volker, und Jan Wucherpfennig, Carl Schmölder, S. 45.
12 Baumeister, Annette: Treffpunkt »Neue Kunst«. Erinnerungen der Johanna Ey, Düsseldorf 1999, S. 83.
13 Stadtarchiv Mönchengladbach 25 b 167 (17.2.1893).
14 Mackes, Neuwerk, Bd. 1, S. 131.
15 Vergleiche: Erckens, Rheydt, Bd. 1, S. 47.
16 Stadtarchiv Mönchengladbach 25 b 167 (17.2.1893).
17 Jahresschlussbericht 1965; Stadtarchiv Mönchengladbach 1 d 22/36.

Quellen und Literatur

Mönchengladbacher Straßennahmen und ihre Geschichte

Stadtarchiv Mönchengladbach (StadtAMG) 1 b 3/60, 1 c 862, 1 d 23/30, 1 d 34/5, 1 d 34/6, 1 d 34/8, 1 d 34/9, 1 d 102/7, 1e/540, 25 c 259, 25 c 1132, 25 c 1462, 25 c 3953, 25 c 6576, 29 c 7/1 Adressbuch MG 1939/40, S. 182; Amtliches Mitteilungsblatt der Stadt Rheydt Nr. 21, 21 Jg. 27 Juli 1964; Rheinische Post (RP) v. 4.8.2000; Niersbote Wickrath v. 8.7.1977; Volksparole v. 28.12.1933; Rheydter Jahrbuch (RJB) 7, S. 104; RJB 10, S. 133.

Kapitel »Bestehende Straßennamen«

Am Katharinenhof: StadtAMG 15/42/493, 15/42/573, 15/42/588, 29 c 45/43; Foto: 10/25162; RP v. 16.1.1962; RJB 7, S. 104.

Annakirchstraße: StadtAMG 1e/426; Foto: 10/47357; Amtliches Einwohnerbuch Mönchengladbach 1936/37, 3. Teil, S. 164; Lexikon für Theologie und Kirche, Bd. 1, S. 689 f.

Annastraße: StadtAMG 1e/426; Foto: 10/11734; Amtliches Adressbuch 1927, Teil II, S. 5; Amtliches Adressbuch 1929, Teil II, S. 5.

Anna-Schiller-Stiege: StadtAMG 14/6451, 29 c 22/61, 29 c 22/94; Foto: 10/49063; RP v. 15.7.1996; RP v. 11.3.2000; WZ v. 24.3.1995; Kath. Grundschule Anton Heinen (Hrsg.), Anna Schiller – Ein kleines Lesebuch Kl. 4 der Kath. Grundschule Anton Heinen, Mönchengladbach 1995; Aus alter Tradition – in neuer Solidarität. Stiftung Volksverein Mönchengladbach, Hrsg.: Stiftung Volksverein Mönchengladbach, S. 18 ff.; Mönchengladbacher Köpfe, Bd. 2, S. 235 f.

Barabarastraße: StadtAMG 1 d 1/10/8; Fotos: digi 1420, privat; Straßenbenennungsakten im Vermessungs- und Katasteramt Nr. 16–18, 1961; Mackes, Neuwerk, Bd. 2, S. 92.

Bönninghausenstraße: StadtAMG 1 b 3/89 (10.11.1966), 1 d 22/36, 14/2629; Fotos: 7/1/5 Tafel 3, privat; WZ v. 23.2.1994; WZ v. 25.1.1995; Beyer, Clemens, Der ›Liber de fundatione et abbatibus‹ des Abtes Petrus Knor und die Gladbacher Klosterhistoriographie seit dem 16. Jahrhundert, in: Annalen des Historischen Vereins für den Niederrhein, Heft 194 (1991), S. 75–121, insbesondere S. 82–88; Mackes, Neuwerk, Bd. 1, S. 28; Mackes, Neuwerk, Bd. 2, S. 91.

Bronsfeldstraße: StadtAMG 1 b 3/79 (4.12.1961), 1 d 22/17; Fotos: 1 d 136/4 Abb. 16, privat; RP v. 4.12.1961; RP v. 24.1.1962; WZ v. 24.1.1962; WZ v. 23.2.1994; WZ v. 25.1.1995.

Cecilienstraße: StadtAMG 15/42/493; Foto: 10/54237; Amtliches Adressbuch Rheydt 1929; Amtliches Adressbuch 1937; Amtliches Adressbuch 1943; WZ v. 21.8.1858.

Charlottenstraße: StadtAMG 1 b 3/21 (13.11.1900), 29 c 22/51–52; Foto: privat; Amtliches Adressbuch 1901; Löhr, Mönchengladbach, Bd. 2, S. 56.

Clara-Grunwald-Weg: StadtAMG 14/4740, 14/6451, 29 c 22/66, 29 c 22/99; Foto: 10/45221; RJB 24, S. 69–78; RP v. 5.6.2000; RP v. 4.8.2000; Böhm, Winfried, u. a., Clara Grunwald – Ihr Leben und Wirken für die Montessori-Pädagogik in Deutschland. Aus der Reihe: Das Kind – Sonderheft 1995, hrsg. im Auftrag der Deutschen Montessori-Gesellschaft, Würzburg 1995; Mönchengladbacher Köpfe, Bd. 2, S. 79 ff.

Elisabethstraße: StadtAMG 1 b 3/9 (7.10.1885); Fotos: -> Bildnachweis, privat; Amtliches Adressbuch 1879; Löhr, Mönchengladbach, Bd. 2, S. 56.

Erikastraße: StadtAMG 1 b 3/100 (3.5.1972); Foto: privat.

Froriepstraße: StadtAMG 14/790, 14/2545, 14/2629, 14/2891, 14/3771, 15/42/405; Foto: 14/790; RP v. 11.12.1982; RP v. 16–07.1994.

Gertraudenstraße: StadtAMG 14/42/493; freundliche Information von Johan Peter Keller, Rheydt; Foto: 10/60795; Amtliches Adressbuch 1927; Amtliches Adressbuch 1929; WZ v. 22.8.1958.

Geschwister-Scholl-Straße: StadtAMG 1 b 3/90 (28.6.1967); Foto: privat.

Grete-Schmitter-Weg: StadtAMG 14/5626, 29 c 8/230, 29 c 22/29; Fotos: digi 8939, privat; Gietzen, Kurt Paul, Das Kirchspiel Venn im Wandel der Zeit, Mönchengladbach 2008, S. 35.

Helenastraße: StadtAMG 14/2771; Foto: digi 4235; Amtliches Adressbuch 1927; Städteatlas Rheindahlen, S. 3; Lexikon des Mittelalters, Bd. IV, Sp. 2117.

Sankt-Helena-Platz: StadtAMG 14/645; Foto: privat; Walter, Michael, Die Pfarrkirche St. Helena, in: Rheindahlen Almanach 1995, S. 54–100, und 1996, S. 32–63.

Hettweg: StadtAMG 1 b 3/87 (10.11.1965).

Hilderather Straße und Hilderath: StadtAMG 29 c 29/188; Foto: privat; Jeuckens, Robert, Geschichte der Stadt und Pfarre Rheindahlen, Aachen 1954, S. 15–18; Amtliches Adressbuch 1929, 2. Teil, S. 56.

Hittastraße: StadtAMG 1 c 4021, 14/2629; Foto: 10/13232; Immer am Ball, Jg. 15, H. 86, S. 4–5; Immer am Ball, Jg. 36, H. 179, S. 34–36; WZ v. 5.10.1944; WZ v. 25.1.1995.

Iriswseg: StadtAMG 1 b 3/105 (15.10.1974), 1 e/514; Foto: privat; Niersbote v. 28.11.1968.

Johanna-Hölters-Straße: StadtAMG 1 c 768, 1 c 1172, 1 d 30/6 S. 73 f., 1 d 30/10 S. 78–80, 14/2263, 14/2629, 14/3141, 14/5385, 14/5935, 29 e/200; Foto: 10/42355; Immer am Ball, H. 131; WZ v. 16.1.1951; RP v. 26.7.1958; RP v. 12.6.2003; Mönchengladbacher Köpfe, Bd. 2, S. 102.

Katharina-Zimmermann-Weg: StadtAMG 25 c 6608, 29 c 22/167; Fotos: privat; Verwaltungsberichte Stadt Rheydt 1948–1974.

Katharinenstraße: StadtAMG 14/2629, 15/42/493; Foto: 10/41001; WZ v. 1.6.1994.

Liebfrauenstraße: StadtAMG 1 d 1/10, 14/4171; Fotos: digi 704, privat; Amtliches Adressbuch 1927; Mackes, Neuwerk, Bd. 2, S. 92.

Louise-Gueury-Straße: StadtAMG 1 c 3848, 1 d 1/10, 1 e/426, 14/1758, 14/1948, 14/2263, 14/2629, 14/3457, 14/3850, 14/6728, 14/6761, 15/42/493, 29 c 22/42, 29 c 29/91–93; Fotos: 10/1953, 10/13298, 10/36097; Westdeutsche Landeszeitung v. 3.8.1929; RP v. 25.9.1984; RP v. 21.7.1990; RP v. 27.4.1993, WZ v. 27.4.1993; WZ v. 6.1.1994; Louise-Gueury-Stiftung (Hrsg.), Zur Feier des 25 Jährigen Jubiläums der Heilstättten der Stadt M.Gladbach am 4. August 1929; Städtische Hardterwald-Klinik Mönchengladbach (Hrsg.), Louise Gueury Stiftung 1904–1974, Mönchengladbach 1974; Gathen, Antonius, Louise Gueury, Mönchengladbach 1986; Niederrheinische Blätter 1987, H. 1, S. 17–25.

Luisenhof: StadtAMG 1 d 96/95, 1 e/426, 14/3911; Stadt Mönchengladbach (Hrsg.), 60 Jahre Luisenhof – Arbeiten und Wohnen in einer Siedlung. Dokumentation einer Ausstellung, Mönchengladbach 1989.

Luisenstraße: StadtAMG 15/21/128, Straßenbenennungsakte Nr. 7 aus 1958; Fotos: -> Bildnachweis; Amtliches Adressbuch 1979; Löhr, Mönchengladbach, Bd. 2, S. 56; Woschnik, Volker, und Jan Wucherpfennig, Maria Lenssen, Mönchengladbach 2005.

Luisental: StadtAMG 27/80 fol. 479.

Luise-Vollmar-Straße: StadtAMG 29 b 1/29 (20.3.1991), 29 b 1/32 (15.7.1992), 14/2629, 14/5014, 14/6451; Fotos: 10/48301, digi 4750; WZ v. 15.11.1994; RP v. 26.4.2000.

Margarethenstraße: StadtAMG 1 e/426, 15/42/493; Foto: privat.

Maria-Kasper-Straße: StadtAMG 14/5701, 25 b 367; Foto: 14/5701; RP v. 29.4.1978; Arme Dienstmägde Jesu Christi (Hrsg.), Festwoche zum 150-jährigen Bestehen der ADJC, 15. bis 19. August 2001, Dernbach 2001; Erfurt, Dieter (Hrsg.), Chronik des Krankenhauses »Maria Hilf« – 125 Jahre Arme Dienstmägde Jesu Christi in Gangelt, Gangelt 1994.

Maria-Klothen-Straße: StadtAMG 25 b 367, 18/194; Fotos: privat; RP v. 28.9.1990.

Marie-Bernays-Ring: StadtAMG 14/4650, 14/6451; Fotos: 10/11992, privat; RP v. 5.4.2000.

Marie-Juchacz-Straße: Stadt Mönchengladbach Dienstliche Mitteilungen Nr. 77 vom 12.8.1991; Fotos: -> Bildnachweis, privat; RP v. 25.1.1993; WZ v. 25.1.1993; Arbeiterwohlfahrt Bundesverband e.V. (Hrsg.), Marie Juchacz. Gründerin der Arbeiterwohlfahrt. Leben und Werk, Bonn 1979; Juchacz, Marie, und Johanna Heymann, Die Arbeiterwohlfahrt. Voraussetzungen und Entwicklung, Berlin o.J.; Juchacz, Marie, Sie lebten für eine bessere Welt. Lebensbilder führender Frauen des 19. und 20. Jahrhunderts, Hannover 1971.

Marienkirchstraße: Volkszeitung v. 20.7.1875; Foto: 10/10261.

Marienplatz: StadtAMG 15/42/723, 25 c 4201; Fotos: 10/58129, 10/2/531; WZ v. 1.3.1958; Erckens, Rheydt, Bd. 1, S. 44; RJB 10, S. 133; RJB 17, S. 23 ff.

Marienstraße: StadtAMG 1 b 3/7 (12.7.1875); Foto: privat; Volkszeitung v. 20.7.1875.

Mathildenstraße: StadtAMG 14/5409, 15/42/493; Foto: digi 4750; Amtliches Adressbuch 1927; Amtliches Adressbuch 1929; RP v. 30.8.1958; Woschnik, Volker, und Jan Wucherpfennig, Carl Schmölder, Mönchengladbach 2008.

Mutter-Ey-Straße: StadtAMG 14/5065, 29 c 22/115; Fotos: 10/48942, privat; WZ v. 2.3.1985; WZ v. 1.7.1989; RP v. 4.6.1989; RP v. 1.7.1989; Böll, Heinrich, Essayistische Schriften und Reden 1 1952–1963, Köln 1978; Baumeister, Annette, Treffpunkt »Neue Kunst«. Erinnerungen der Johanna Ey, Düsseldorf 1999, S. 83; Mönchengladbacher Köpfe, Bd. 1, S. 288; Wolf, Irmgard und Manfred Engelhardt, Die Kunsthändlerin »Mutter« Ey, in: dies., Zwischen Thron und Tyrannei, Bonn 1997, S. 143–146.

Odiliengarten: StadtAMG 14/2263, 25 b 80, 25 c 259, S. 69; Fotos: 10/55665, privat; Unser Odenkirchen Nr. 58 v. 12.11.1993.

Plektrudisstraße: StadtAMG 1 d 1/10, 1 e/426; Fotos: 10/48342, privat; Städteatlas Rheindahlen, S. 3; Lexikon des Mittelalters, Bd. VII, Sp. 19; Walter, Michael, Blickpunkte Rheindahlener Geschichte, Mönchengladbach 2004, S. 51.

Ruth-Foster-Drive: Foto: 10/3172; Hoster, Hans, Das Hauptquartier in Mönchengladbach. Der unbekannte Stadtteil »JHQ«, Mönchengladbach 2004.

Selma-Horn-Weg: StadtAMG 25 c 5684, 25 c 5784, 25 c 5788, 25 c 6215/5, 29 c 22/213, Foto: 14/3734; Erckens, Juden, Bd. 2, S. 221, 233, 512 und 538.

Sibilla-Deußen-Straße: StadtAMG DM 28/1989; Fotos: 10/50416, privat; RP v. 20.7.1990.

Sophienstraße: StadtAMG 1 b 3/7 (12.7.1875); Foto:privat; Volkszeitung v. 20.7.1875.

Ursulinengasse: StadtAMG 14/2167, 25 c 259, 25 c 4201; Fotos: -> Bildnachweis, privat; Laurentiusbote, S. 214; Lexikon des Mittelalters, Bd. VIII, Sp. 1332 f.

Viktoriastraße: StadtAMG 1 b 3/79, 5/20; Fotos: -> Bildnachweis, 10/46279; Amtliches Adressbuch 1929.

Wüllenweberstraße: StadtAMG 1 d 1/10, 14/111, 14/2263, 14/2629, 14/4999, 14/6451; Fotos: digi 1472, 10/33994, privat; RP v. 24.1.1962; WZ v. 24.1.1962; WZ v. 28.12.1993; WZ v. 11.1.1994; RP v. 18.3.2000; RP v. 31.8.2002; Löhr, Therese von Wüllenweber, Mönchengladbach 1987; Mackes, Neuwerk, Bd. 1 und Bd. 2; Mönchengladbacher Köpfe, Bd. 1, S. 288.

Kapitel »Ehemals nach Frauen benannte Straßen ...«

Agrisweg: StadtAMG 1 d 22/36, 16/53 Familienunterlagen Tielen, K 2482 Sammlung E. v. Oidtmann, S. 132; Foto: 10/57229a; Mackes, Neuwerk, Bd. 1, S. 28 und S. 131; Mackes, Neuwerk, Bd. 2, S. 91; Löhr, Gladbacher Benediktiner, 2001, S. 38.

Augustastraße (Bozener Straße): StadtAMG 1 e/426; Foto: -> Bildnachweis; Amtliches Adressbuch 1936/37, 3. Teil, S. 24; Amtliches Adressbuch 1939/40, S. 182.

Augustastraße (Schwogenstraße): StadtAMG 1 b 3/18 (25.9.1893); Amtliches Adressbuch 1883.

Augustastraße (Brucknerallee): StadtAMG 1 c 205, 5/20, 15/42/588, 25 b 165 (24.5.1876), 25 c 2003; Fotos: 10/41087, 10/54594, 10/54596; Verfügung Pol. Präs. v. 15.12.1933, Amtsblatt 1933, S. 409; RP v. 4.10.1963; RJB 24; Erckens, Rheydt, Bd. 1, S. 47; Richter, Die Kaiser Wilhelm- und Augusta-Stiftung.

Augustastraße (Wilhelm-Niesen-Straße): StadtAMG 1 e/426, 14/2267; Foto: 10/50949; Amtliches Adressbuch Odenkirchen 1905.
Charlottenstraße (Oskar-Graemer-Straße): StadtAMG 25 b 171; Foto: 10/44985.
Helenenstraße (Zingsheimer Straße): StadtAMG 1 e/426, 15/42/493.
Konkordiastraße (Blücherstraße): StadtAMG 1 e/426; Foto: 10/37683; Amtliches Adressbuch 1879; Amtliches Adressbuch 1883; RJB 24, S. 18.
Lady-Ada-Lovelace-Straße (Am Borussiapark): StadtAMG 29 c 22/152, 29 c 22/210; Foto: privat.
Luisenstraße (Wilhelm-Straße-Straße): StadtAMG 15/42/493; Foto: -> Bildnachweis; Rheydter Chronik, Bd. 2, S. 456.
Luisenstraße (Werner-Gilles-Straße): StadtAMG 25 b 167 (17.2.1893); Foto: 10/2/59; Amtliches Adressbuch 1929.
Margarethenstraße (Trierer Straße): StadtAMG 1 e/426, 15/42/493; Foto: privat; Amtliches Adressbuch 1929.
Marienweg (Maria-Kasper-Straße): StadtAMG 25 b 367; Stadtplan Rheydt 1894/95.
Rolshausenweg: StadtAMG 1 d 22/36; Mackes, Neuwerk, Bd. 1, S. 28.
Sophienstraße (Diltheystraße): StadtAMG 1 e/426, 15/42/493; Foto: 10/54912; WZ v. 30.8.1958.
Viktoriastraße (Berliner Platz): Foto: 10/5704.
Viktoriastraße (Hoemenstraße): StadtAMG 1 e/426; Foto: 10/50973; Unser Odenkirchen, Nr. 58 v. 12.11.1993.
Viktoriastraße (Hugo-Preuß-Straße): StadtAMG 1 e/426, 25 c 259, 15/42/493; Foto: 10/55085; Amtliches Adressbuch 1929; Erckens, Rheydt, Bd. 1, S. 49.

Literaturliste

Arbeiterwohlfahrt Bundesverband e. V. (Hrsg.), Marie Juchacz. Gründerin der Arbeiterwohlfahrt. Leben und Werk, Bonn 1979

Arme Dienstmägde Jesu Christi (Hrsg.), Festwoche zum 150-jährigen Bestehen der ADJC, 15. bis 19. August 2001, Dernbach 2001

Baumeister, Annette, Erinnerungen der Johanna Ey. Treffpunkt »Neue Kunst«, Düsseldorf 1999

Böhm, Winfried u. a., Clara Grunwald – Ihr Leben und Wirken für die Montessori-Pädagogik in Deutschland, in: Das Kind – Sonderheft 1995, hrsg. im Auftrag der Deutschen Montessori-Gesellschaft, Würzburg 1995

Erckens, Günter, Der Marienplatz und seine Umgebung. Ein Beitrag zur Rheydter Orts- und Familiengeschichte, Mönchengladbach 1975

Erckens, Günter, Juden in Mönchengladbach, Mönchengladbach 1988 und 1989

Erckens, Günter, Rheydt so wie es war, Bd. 1, Düsseldorf 1978

Erckens, Günter, Rheydt so wie es war, Bd. 2, Düsseldorf 1980

Gathen, Antonius, Louise Gueury (Zeugen städtischer Vergangenheit, Bd. 3), Mönchengladbach 1986

Gietzen, Kurt Paul, Das Kirchspiel Venn im Wandel der Zeit, Mönchengladbach 2008

Heinrich Böll, Essayistische Schriften und Reden 1 1952–1963, Köln 1978

Hoster, Hans, Das Hauptquartier in Mönchengladbach. Der unbekannte Stadtteil »JHQ«, Mönchengladbach 2004

Jeuckens, Robert, Geschichte von Stadt und Pfarre Rheindahlen, Aachen 1954

Löhr, Wolfgang, Mönchengladbach so wie es war, Bd. 1, Düsseldorf 1976

Löhr, Wolfgang, Mönchengladbach so wie es war, Bd. 2, Düsseldorf 1982

Löhr, Wolfgang, Therese von Wüllenweber (Zeugen städtischer Vergangenheit, Bd. 5), Mönchengladbach 1987

Löhr, Wolfgang, Karl Kaspar von Bylandt (Zeugen städtischer Vergangenheit, Bd. 16), Mönchengladbach 1998

Löhr, Wolfgang, Die Gladbacher Benediktiner (Zeugen städtischer Vergangenheit, Bd. 19), Mönchengladbach 2001

Löhr, Wolfgang (Hrsg.), Loca Desiderata. Mönchengladbacher Stadtgeschichte, 3 Bände, 1994–2006

Mackes, Karl L., Aus dem alten Neuwerk, Bd. 1, Das adelige Benediktinerinnen-Kloster Neuwerk 1135–1802, Mönchengladbach 1962

Mackes, Karl L., Aus dem alten Neuwerk, Bd. 2, Honschaften, Gemeinde, Ortsteil einer Großstadt, Mönchengladbach 1972

Norrenberg, Peter, Geschichte der Pfarreien des Dekanates Mönchengladbach, Köln 1889

Schallenburger, Holger(Hrsg.), Gegen die Gladbacherischen Einwendungen. Geschichte der Pfarre St. Mariä Himmelfahrt, Neuwerk, Mönchengladbach 2004

Stadt Mönchengladbach (Hrsg.), Mönchengladbacher Köpfe – 53 Persönlichkeiten der Stadtgeschichte, Bd. 1, Mönchengladbach 1995

Stadt Mönchengladbach (Hrsg.), Mönchengladbacher Köpfe – 53 Persönlichkeiten der Stadtgeschichte, Bd. 2, Mönchengladbach 1998

Städtische Hardterwald-Klinik Mönchengladbach (Hrsg.), Louise Gueury Stiftung 1904–1974, Mönchengladbach 1974

Verein Neuwerker Heimatfreunde e. V. (Hrsg.), Bilder aus dem alten Neuwerk, Mönchengladbach 1997

Walter, Michael, Blickpunkte Rheindahlener Geschichte, Mönchengladbach 2004

Wittmann-Zenses, Manfred, Vom »Platz der Republik« zum »Langemarckplatz« – und zurück? Straßenbenennung in Mönchengladbach und Rheydt zur Zeit des Nationalsozialismus, in: RJB 24, S. 11–69

Woschnik, Volker und Jan Wucherpfennig, Maria Lenssen (Zeugen Städtischer Vergangenheit, Bd. 23), Mönchengladbach 2005

Woschnik, Volker und Jan Wucherpfennig, Carl Julius Schmölder (Zeugen Städtischer Vergangenheit, Bd. 25), Mönchengladbach 2008

Bildnachweis

Abbildungen aus den Beständen des Stadtarchivs oder von Privatpersonen werden unter Quellen und Literatur nachgewiesen.

Für die folgenden Aufnahmen ergeht der Dank für die Bereitstellung an die genannten Institutionen:

Seite 27: Königin Elisabeth von Preußen nach Joseph Stieler um 1840, auf Burg Hohenzollern ausgestellt, von der Generalverwaltung d. vorm. reg. Preußischen Königshauses, Berlin, zur Verfügung gestellt

Seite 42: Königin Luise trifft Napoleon in Tilsit 6. Juli 1807, gemalt von Rudolf Eichstätt um 1895, ist im Ostpreußischen Landesmuseum in Lüneburg ausgestellt

Seite 49: Marie Juchacz, AWO Arbeiterwohlfahrt Bundesverband e. V., Berlin

Seite 60: Heilige Ursula, Historisches Archiv des Erzbistums Köln, Slg. Ludwig Gierse 10448

Seite 62: Kaiserin Victoria (Kaiserin Friedrich) als Witwe von Bertha Müller nach Heinrich v. Angeli um 1900, auf Burg Hohenzollern ausgestellt, von der Generalverwaltung d. vorm. reg. Preußischen Königshauses, Berlin, zur Verfügung gestellt

Seite 66: Königin Augusta (noch nicht Kaiserin!) von Minna Pfüller nach Franz Xaver Winterhalter nach 1861, auf Burg Hohenzollern ausgestellt, von der Generalverwaltung d. vorm. reg. Preußischen Königshauses, Berlin, zur Verfügung gestellt

Danksagung

An vorderster Stelle möchte ich mich bei meiner Auftraggeberin, der damaligen Gleichstellungsbeauftragten Bärbel Braun bedanken, dass sie mich mit dem Projekt betraut hat. Mein besonderer Dank gilt Dr. Christian Wolfsberger für die sorgfältige Betreuung des Projektes und für vielseitigen Rat und manche Hilfe. Des Weiteren gebührt Dr. Barbara Maiburg großer Dank für die bereits gut gearbeitete Recherche, auf deren Basis ich meine Arbeit fortsetzen konnte. Sie bearbeitete das Buchprojekt seit 2005, bis sie es aus beruflichen Gründen abgeben musste. Ganz besonders herzlich möchte ich mich bei Ilona Gerhards und Gerd Lamers für die nicht nur technische Hilfe bei der Recherche bedanken und auch den übrigen Mitarbeitern und Mitarbeiterinnen des Stadtarchivs Mönchengladbach bin ich zu großem Dank verpflichtet. Antoinette Jünger und Wilhelm Palmen unterstützten von Seiten des Fachbereichs Geoinformation und Grundstücksmanagement engagiert die Entstehung dieses Buches.

Eine Arbeit mit solch einem komplexen historischen, mentalitätsgeschichtlichen und sprachwissenschaftlichen Thema kann und will trotz intensiver Recherche keinen Anspruch auf Vollständigkeit erheben. Für Anregungen, Ergänzungen oder konstruktiver Kritik ist die Autorin dankbar. Kontakt bitte ausschließlich in schriftlicher Form an das Stadtarchiv Mönchengladbach, FB 42.40, Aachenerstraße 2, 41061 Mönchengladbach.

Susan Hiep

Beiträge zur Geschichte der Stadt Mönchengladbach

Begründet von Wolfgang Löhr, fortgeführt von Christian Wolfsberger

1. Festschrift zur Wiedereröffnung der Kaiser-Friedrich-Halle. – 1969
2. Paffen, Rolf: Der Streit um das Laurentiushaupt. – 1970 (*vergriffen*)
3. Rheindahlen. Ein Bildband. – 1971 (*vergriffen*)
4. Bange, Hans: Das Gladbacher Münster im 19. Jahrhundert. – 1973
5. Die Gründungsgeschichte der Abtei St. Vitus zu Mönchengladbach. Hrsg. u. übers. von Manfred Petry. – 1974
6. Die Fabrikordnung der Firma F. Brandts zu Mönchengladbach. – Neudruck 2003
7. Kunst am Bau. 10 Jahre Erfahrung. – 1975
8. Erckens, Günter: Der Marienplatz und seine Umgebung. – 1975
9. Schule in ihrer Zeit. 4 Kapitel aus 200 Jahren Stadt- und Schulgeschichte zur Hundertjahrfeier d. Stift. Humanistischen Gymnasiums als Vollanstalt. – 1977
10. Bange, Hans: Das Rathaus zu Mönchengladbach. – 3., überarb. Aufl. 1993 (*vergriffen*)
11. Kimpel, Sabine: Walter Kaesbach Stiftung. – 2., überarb. u. erg. Aufl. 1991
12. 2000 Jahre Niers. Schrift- und Bilddokumente. – 1979
13. Zedelius, Volker: Der Münzschatzfund von Giesenkirchen. – 1980
14. Allegro ma non troppo: Konzert und Oper in Mönchengladbach 1900–1980. – 1980
15. Erckens, Günter: 150 Jahre Rechnungs- und Briefköpfe im Gladbach-Rheydter Wirtschaftsraum. – 1981 (*vergriffen*)
16. Bayer, Alfred: Der kleine Volksvereinsprozeß im Dezember 1933 in Mönchengladbach. – 1982
17. Rey, Manfred van: Einführung in die rheinische Münzgeschichte des Mittelalters. – 1983
18. Koß, Siegfried: Die Marienschule von 1830 bis 1980. – 1983
19. Einzelkarten des Matthias Quad (1557–1613). (Monumenta Cartographica Rhenaniae; 1). – 1984
20. Hütter, Hans Walter: Mönchengladbach – 11 Gemeinden bilden eine Stadt. – 1984 (*vergriffen*)
21. Bange, Hans: Das Bibelfenster zu Mönchengladbach. – 2. Aufl. 1986 (*vergriffen*)

22. Schüngeler, Heribert: Widerstand und Verfolgung in Mönchengladbach und Rheydt 1933–1945. – 3., unveränd. Aufl. 1995
23. Bange, Hans: Verlorener Kunstbesitz. Das Schicksal von Kunstwerken der ehemaligen Abtei Gladbach im 19. und 20. Jahrhundert. – 1986
24. Kosche, Thomas: Bauwerke und Produktionseinrichtungen der Textilindustrie in Mönchengladbach. – 1986 (*vergriffen*)
25. Erckens, Günter: Juden in Mönchengladbach, Band 1. – 1988 (*vergriffen*)
26. Erckens, Günter: Juden in Mönchengladbach, Band 2. – 1989
27. Klüsche, Wilhelm: Der Wissenschaftliche Verein Mönchengladbach 1849–1989. – 1989
28. Sie waren und sind unsere Nachbarn. Spuren jüdischen Lebens in Mönchengladbach (Katalog zur Ausstellung). – 1989
29. Erckens, Günter: Juden in Mönchengladbach, Band 3: Gesamtregister. – 1990
30. Sollbach-Papeler, Margrit: Mönchengladbach 1945. – 3. Aufl. 1993 (*vergriffen*)
31. Eschenbrücher, Ralf: Der Stillebenmaler Johann Wilhelm Preyer (1803–1889). – 1992
32. Erinnerte Geschichte. Frauen aus Mönchengladbach schreiben über die Kriegs- und Nachkriegszeit 1940–1950. – 1993 (*vergriffen*)
33. Die Pfarrgemeinde St. Josef, Mönchengladbach, und ihre Entstehung vor dem Hintergrund der Industrialisierung im 19. Jahrhundert. – 1994
34. Beckers, Hans Georg: Karl Joseph Lelotte. Ein Pfarrer in einer Zeit des politischen und sozialen Umbruchs. Gottesdienst in Gladbach von 1864 bis 1892. – 1995
35. Sessinghaus-Reisch, Doris: Ein Leben in sozialer Verantwortung: Josef und Hilde Wilberz-Stiftung. – 1998
36. Schröteler-von Brandt, Hildegard: Rheinischer Städtebau. Die Stadtbaupläne im Regierungsbezirk Düsseldorf in der ersten Hälfte des 19. Jahrhunderts. Das Fallbeispiel Mönchengladbach 1836 bis 1863. – 1998 (*vergriffen*)
37. Jüdisches Leben in Mönchengladbach gestern und heute. – 1998
38. 25 Jahre neue Stadt Mönchengladbach. – 1999
39. Beckers, Hans Georg: Das Gladbacher Münster im 20. Jahrhundert. – 1999 (*vergriffen*)
40. Nohn, Christoph: Bruder sein ist mehr. Das Bruderschafts- und Schützenwesen im Gladbacher Land vom Mittelalter bis zur Neuzeit. – 2000
41. Krumme, Ekkehard: Denkmäler der Hoffnung. Der evangelische Friedhof in Odenkirchen. – 2000

42. Maiburg, Barbara: Kante und Planke. Künstlergruppen in Mönchengladbach. – 2000 (*vergriffen*)

43. Sessinghaus-Reisch, Doris: Leben und Werk des Mönchengladbacher Schriftstellers Gottfried Kapp. – 2001

44. Habrich, Heinz: Kirchen und Synagogen. Denkmäler aus der Zeit von 1850 bis 1916 in Mönchengladbach. – 2002 (*vergriffen*)

45. Waldecker, Christoph: »Es ist ein groß Ergetzen ...« Ein Jahrhundert Stadtbibliotheken in Mönchengladbach. – 2004

46. Hoster, Hans: Das Hauptquartier in Mönchengladbach. Der unbekannte Stadtteil »JHQ«. – 2004 (*vergriffen*)

47. Habrich, Heinz, und Klaus Hoffmann: Wegekapellen in Mönchengladbach. – 2005 (*vergriffen*)

48.1 Holtschoppen, Natalie Alexandra: St. Vitus zu Gladbach. Studien zum Kapiteloffiziumsbuch der ehemaligen Benediktinerabtei St. Vitus zu (Mönchen-)Gladbach. – 2008

48.2 Holtschoppen, Natalie Alexandra: St. Vitus zu Gladbach. Prosopographische Erschließung und Edition des Necrologs der ehemaligen Benediktinerabtei St. Vitus zu (Mönchen-)Gladbach. – 2008

49. Lünendonk, Robert: Auf den Spuren des Gladbachs und seiner Mühlen. – 2008